많은 학부모들이 선택한
어휘력 향상의 길잡이

공습국어 초등어휘는 2008년 첫 선을 보인 이래로 많은 학부모와 학생들로부터 남다른 관심과 사랑을 받고 있습니다. 공습국어 초등어휘가 이렇게 짧은 시간 안에 초등 어휘력 학습을 대표하는 교재로서 자리를 잡을 수 있었던 것은 아이들이 부담 없이 재미있게 공부할 수 있도록 교재를 활용 중심으로 최적화하여 구성한 것과 교과서에 나오는 낱말을 다룸으로써 교과 학습과 자연스럽게 연계할 수 있도록 배려한 것이 아닐까 생각합니다.

그런데 단계별로 교재의 수가 적어 서너 달이 지나면 더 이상 단계에 맞는 어휘력 학습을 지속할 수 없는 문제가 있었습니다. 그렇다고 다음 단계로 넘어가는 것도 좀 애매해서 몇 달 동안 이어온 학습 흐름이 끊어질 수밖에 없었습니다.

이번에 추가로 어휘력 교재를 출간하게 된 것은 **각 단계에 맞는 어휘력 학습을 적어도 1년 정도는 꾸준히 진행**할 수 있게 하기 위해서입니다. 이렇게 함으로써 다음 단계를 학습할 때까지의 기간을 최소화하거나 바로 다음 단계로 넘어가더라도 큰 어려움 없이 적응할 수 있을 것입니다.

심화 교재는 기본 교재와는 다른 문제 유형으로 코너를 구성하였습니다. 이는 **같은 유형을 반복함으로써 오는 지루함을 없애고 문제 풀이 방법이 관성화되는 것을 막기 위해서입니다.** 또한 이미 알고 있는 낱말이라고 하더라도 유형을 달리하여 풀어봄으로써 어휘를 좀 더 풍부하게 활용할 수 있도록 하기 위해서입니다.

주니어김영사는 교재에 대한 질책과 격려 모두를 소중히 받아 안을 것입니다. 항상 열린 자세로 최대한 교재를 화과적으로 이용할 수 있도록 도와드릴 것이며 아울러 더 좋은 교재로 다가가기 위해 노력하겠습니다.

감사합니다.

공습국어 초등어휘 학습 전략

" 공습국어 초등어휘는 초등 교과서에 나오는 낱말을 중심으로 구성되어 있는 어휘력 프로그램으로, 단순히 낱말의 사전적 의미를 암기하는 것이 아닌 낱말과 낱말 사이의 관계와 낱말의 다양한 쓰임새를 여러 가지 문제 유형을 통해 학습합니다. "

기본과 심화의 연속된 어휘 학습 과정

공습국어 초등어휘는 전 과정이 학년에 따라 나누어져 있습니다. 크게 1·2학년, 3·4학년, 5·6학년 3개의 과정으로 이루어져 있습니다. 그리고 각 과정별로 기본 Ⅰ·Ⅱ·Ⅲ, 심화 Ⅰ·Ⅱ·Ⅲ 단계로 구성되어 있습니다.

과정		단계
1·2학년	기본	Ⅰ, Ⅱ, Ⅲ 단계
	심화	Ⅰ, Ⅱ, Ⅲ 단계
3·4학년	기본	Ⅰ, Ⅱ, Ⅲ 단계
	심화	Ⅰ, Ⅱ, Ⅲ 단계
5·6학년	기본	Ⅰ, Ⅱ, Ⅲ 단계
	심화	Ⅰ, Ⅱ, Ⅲ 단계

기본 단계와 심화 단계는 서로 다른 구성과 학습 목표를 가지고 있습니다. 기본 단계는 낱말이 가지고 있는 기본적인 의미와 다른 낱말과 관계를 파악하는 단계입니다. 심화 단계는 유추와 연상 활동을 통해 낱말이 가지는 다양한 의미를 알고 정확하게 낱말을 읽고 쓰는 단계입니다.

기본 단계와 심화 단계는 서로 동떨어져 있는 것이 아니라 연속된 훈련 단계입니다. 따라서 공습국어 초등어휘를 처음 시작하는 경우는 기본 단계부터 순서대로 학습하는 것이 학습 효과를 극대화할 수 있습니다.

물론 공습국어 초등어휘 기본 단계로 학습한 경험이 있다면 각 과정의 심화 단계를 공부해도 괜찮습니다. 하지만 1·2학년 과정에서 기본 단계를 학습하고 현재 3학년이나 4학년이 되었다면 3·4학년 과정의 심화 단계보다는 3·4학년 과정의 기본 단계부터 시작하거나, 1·2학년 과정의 심화 단계를 한 다음 3·4학년 과정의 기본 단계로 넘어가는 것이 좋습니다.

교과서의 낱말을 다양한 문제 유형을
통해 재미있게 익힌다!

공습국어
초등어휘의 특징

하나 초등 교과서에 나오는 낱말로 문제 구성

공습국어 초등어휘는 국어, 수학, 사회, 과학 등 초등 전 교과에서 낱말을 발췌하여 문제를 구성하였습니다. 각 회별로 8~10개의 낱말이 교과 영역에 따라 들어 있으며 권당 250~300개 정도의 낱말을 익힐 수 있습니다. 따라서 교재에서 다루고 있는 낱말을 익히다 보면 해당 교과의 내용을 이해하는데 많은 도움이 될 것입니다.

둘 상황에 따라 낱말이 가지는 복합적 의미 이해

사전에 명시된 낱말의 기본적인 의미뿐만 아니라 상황을 유추하여 적절한 낱말을 찾는 활동, 같은 글자이지만 상황에 따라 전혀 다른 의미를 갖는 낱말을 고르는 활동, 여러 낱말을 보고 공통으로 연상되는 낱말을 찾는 활동을 통해 낱말이 가지는 복합적 의미를 파악하는 데 중점을 두고 학습할 수 있도록 했습니다.

셋 바른 글쓰기를 위한 맞춤법 훈련

성인들도 글을 쓸 때 잘못된 낱말을 사용하거나 띄어쓰기가 틀리는 경우가 많이 있습니다. 이것은 한글 맞춤법에서 규정하고 있는 몇 가지 원칙만 제대로 이해한다면 충분히 개선할 수 있습니다. 특히 초등 단계에서부터 한글 맞춤법에 대해 의식적으로 알아보고 관련 문제들을 자주 접해 본다면 바르게 글을 쓰는데 큰 자신감을 갖게 될 것입니다. 공습국어 초등어휘에서는 '낱말 쌈 싸먹기' 꼭지를 통해 매회 한글 맞춤법 연습을 할 수 있으며 이러한 맞춤법 연습을 원활하게 할 수 있도록 하기 위해 135쪽에 '한글 맞춤법 알기'를 별도로 마련했습니다.

넷 재미있고 다양한 문제 유형으로 구성된 학습 과정

공습국어 초등어휘는 여러 가지 문제 유형을 통해 다양하게 낱말을 습득하고 활용할 수 있도록 구성하고 있습니다. 특히 본격적인 문제 풀이에 들어가기 전 낱말 퍼즐 형식의 '가로·세로 낱말 만들기'로 두뇌 워밍업을 할 수 있도록 했으며, 아울러 앞선 회의 낱말도 복습할 수 있도록 했습니다. 또한 '낱말은 쏙쏙! 생각은 쑥쑥!' 꼭지의 문제들은 그림이나 퀴즈 형식을 이용하여 지루하지 않게 공부할 수 있습니다.

교재 구성 한눈에 보기

가로·세로 낱말 만들기

'가로·세로 낱말 만들기'는 본격적인 문제 풀이를 하기 전 가볍게 머리를 풀어보는 준비 단계의 의미와 앞선 회에서 공부한 낱말을 찾아서 만들어 봄으로써 한 번 더 낱말을 익힌다는 복습의 의미를 함께 갖고 있습니다. 적게는 3개 많게는 5개 정도 앞선 회에서 배운 낱말을 주어진 글자와 연결 낱말을 이용해 찾아야 합니다. 낱말 만드는 자세한 방법은 7쪽을 참고해 주세요.

- 주어진 연결 낱말을 이용하여 낱말을 만들어보세요. 단 색이 칠해진 칸에는 낱말을 쓸 수 없습니다.
- 만들어야 할 낱말의 개수와 도전 시간이 표시되어 있고, 만든 낱말의 개수와 걸린 시간을 적습니다.
- 글자를 조합하여 앞선 회에 배운 낱말이 있는지 찾아봅니다.

낱말은 쏙쏙! 생각은 쑥쑥!

어휘력 학습을 본격적으로 시작하는 꼭지입니다. '그림으로 낱말 찾기', '낱말 뜻 알기', '낱말 친구 사총사', '연상되는 낱말 찾기', '짧은 글짓기'의 5개 코너로 구성되어 있습니다.

- **걸린 시간** 해당 단원을 푸는 데 걸린 시간을 적습니다.
- **그림으로 낱말 찾기** 원으로 표시된 그림 부분을 보고 유추할 수 있는 낱말을 보기에서 고릅니다.
- **낱말 뜻 알기** 낱말의 기본 의미를 알아보는 코너로 □ 안의 첫 글자를 보고 알맞은 낱말을 적습니다.

공습국어 초등어휘는 모두 30회 과정이며 각 회별로 '가로·세로 낱말 만들기', '낱말은 쏙쏙! 생각은 쑥쑥!', '낱말 쌈 싸 먹기'의 3가지 꼭지가 있습니다.

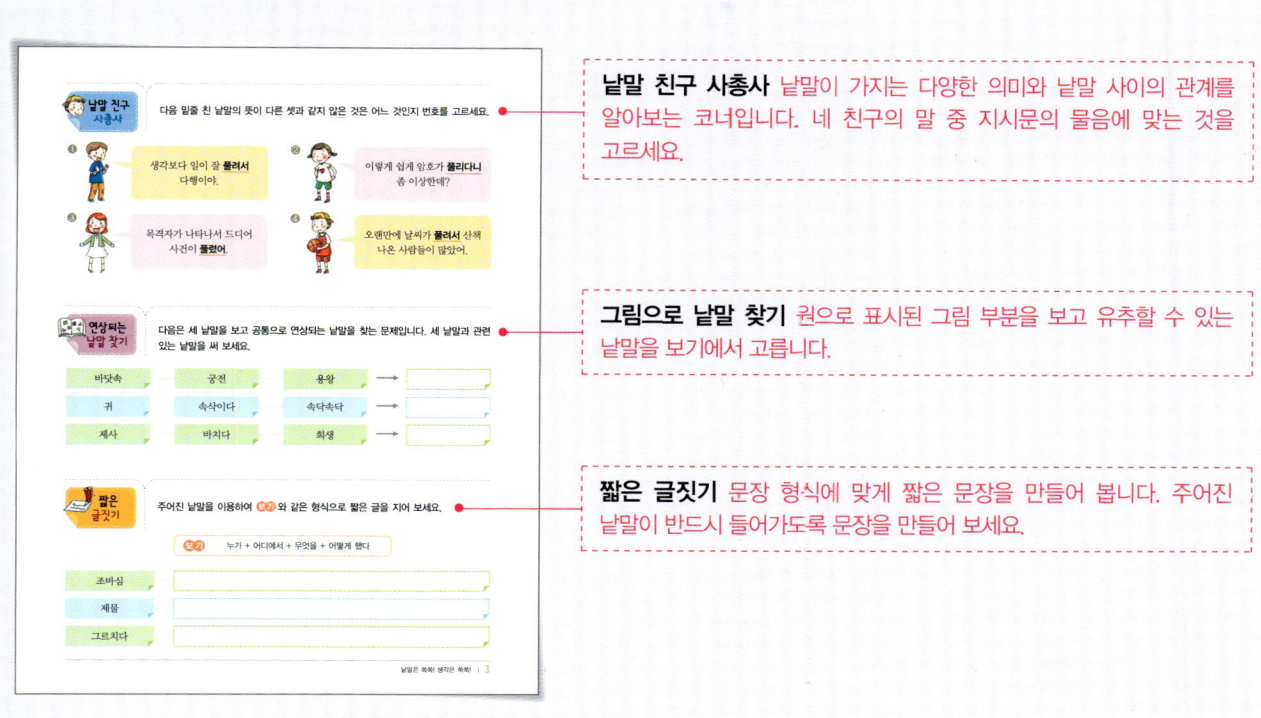

낱말 친구 사총사 낱말이 가지는 다양한 의미와 낱말 사이의 관계를 알아보는 코너입니다. 네 친구의 말 중 지시문의 물음에 맞는 것을 고르세요.

그림으로 낱말 찾기 원으로 표시된 그림 부분을 보고 유추할 수 있는 낱말을 보기에서 고릅니다.

짧은 글짓기 문장 형식에 맞게 짧은 문장을 만들어 봅니다. 주어진 낱말이 반드시 들어가도록 문장을 만들어 보세요.

낱말 쌈 싸 먹기

'낱말 쌈 싸 먹기'는 맞춤법, 띄어쓰기 코너를 통해 올바른 낱말 표기를 위해 꼭 알아야 할 규칙을 알아봅니다. 또한 관용어와 한자어 꼭지를 통해 상황에 어울리는 속담이나 격언을 찾고, 문장의 의미에 맞는 한자어나 사자성어를 알아봅니다.

맞춤법 두 낱말 중 맞춤법이 올바른 낱말을 찾거나, 맞춤법이 틀린 낱말을 찾아 바르게 고쳐 써 봅니다.

띄어쓰기 두 낱말 중 띄어쓰기가 올바르게 된 낱말을 고릅니다.

관용어 □를 채워 그림이 표현하는 상황에 어울리는 속담이나 격언 등의 관용어를 만들어 봅니다.

한자어 자연스러운 문장이 되도록 □ 안에 들어갈 알맞은 한자어나 사자성어를 찾아봅니다.

꾸준함이 어휘력을 키우는
가장 좋은 방법입니다!

공습국어 초등어휘의 활용

하나) 처음 일주일 정도는 아이와 함께 하세요

공습국어 초등어휘의 코너 구성과 문제 유형을 아이가 이해할 수 있도록 일주일 정도는 아이와 함께 문제를 풀어보세요. 각각의 문제 유형을 설명해주고, 채점을 통해 아이에게 미진한 부분이 있으면 다시 설명해주면서 아이가 혼자서도 충분히 문제를 해결할 수 있도록 도와주세요.

둘) 꾸준히 학습할 수 있는 환경을 만들어 주세요

매일 1회분씩 학습 진도를 나가는 것이 가장 이상적이긴 하지만 현실적으로 불가능한 경우가 많습니다. 따라서 매일이 아니더라도 꾸준히 교재를 볼 수 있도록 학습 스케줄을 잡아 주세요. 이때 부모님이 일방적으로 결정하지 마시고 아이와 충분히 상의하여 가능한 아이의 의견이 반영되도록 해 주세요.

셋) 1권부터 순서대로 학습할 수 있도록 해 주세요

공습국어 초등어휘 심화 단계는 문제 유형이나 내용이 기본 단계에 비해 다소 복잡하거나 어렵습니다. 따라서 어휘력 학습을 처음 시작하는 경우라면 기본 단계부터 순서대로 교재를 보는 것이 좋습니다. 물론 이전에 어휘력 교재를 보았거나 국어 실력이 상위권이라면 심화 단계부터 시작해도 괜찮습니다.

넷) 문제 풀이에 걸리는 적정한 시간은 10분 내외입니다

문제를 푸는 데 걸리는 시간은 대략 10분 정도면 충분합니다. 하지만 문제 유형이 익숙하지 않은 초반에는 이보다 시간이 더 걸릴 수도 있습니다. 따라서 일정 기간 동안은 시간에 구애 받지 않고 편하게 문제를 풀면서 교재에 적응할 수 있도록 해 주세요.

다섯) 낱말 쌈 싸 먹기 문제는 이렇게 준비해 주세요

'낱말 쌈 싸 먹기' 문제는 한글 맞춤법과 관용어의 의미를 알고 있어야 문제를 해결할 수 있습니다. 따라서 11~12쪽에 있는 '알쏭달쏭 낱말 알기'와 '관용어 알아보기'를 틈틈이 확인해서 그 내용을 아이가 기억할 수 있도록 해주세요.

가로·세로 낱말 만들기는 이렇게 풀어요!

> '가로·세로 낱말 만들기'는 본격적인 어휘력 학습에 들어가기 전의 워밍업 단계로서 앞선 회에 배운 낱말을 복습하는 활동입니다.

1회에서는 낱말 만들기를 연습합니다. 이미 만들어야 한 낱말이 제시되어 있는데, 글자 표에서 해당 낱말을 찾아본 다음 낱말 판 안의 낱말을 연결하여 해당 낱말을 만들어 봅니다.
2회부터 실제 낱말 만들기를 하게 되는데 이때 낱말 판 안에 낱말을 만들 때 꼭 알아두어야 할 기본 규칙이 있습니다.

- 낱말 판 안에 제시된 낱말을 연결하여 낱말을 만들어야 합니다.
- 낱말 판 안에 색이 칠해진 칸에는 낱말을 만들 수 없습니다.
- 글자는 한 번만 사용 가능하며 중복하여 사용할 수 없습니다.
- 국어사전에 등재되지 않은 낱말은 쓸 수 없습니다.

이 네 가지 기본 규칙을 꼭 기억해서 낱말을 만들 때 실수하지 않도록 하세요.
그럼 낱말을 만드는 기본 순서를 알아볼까요?

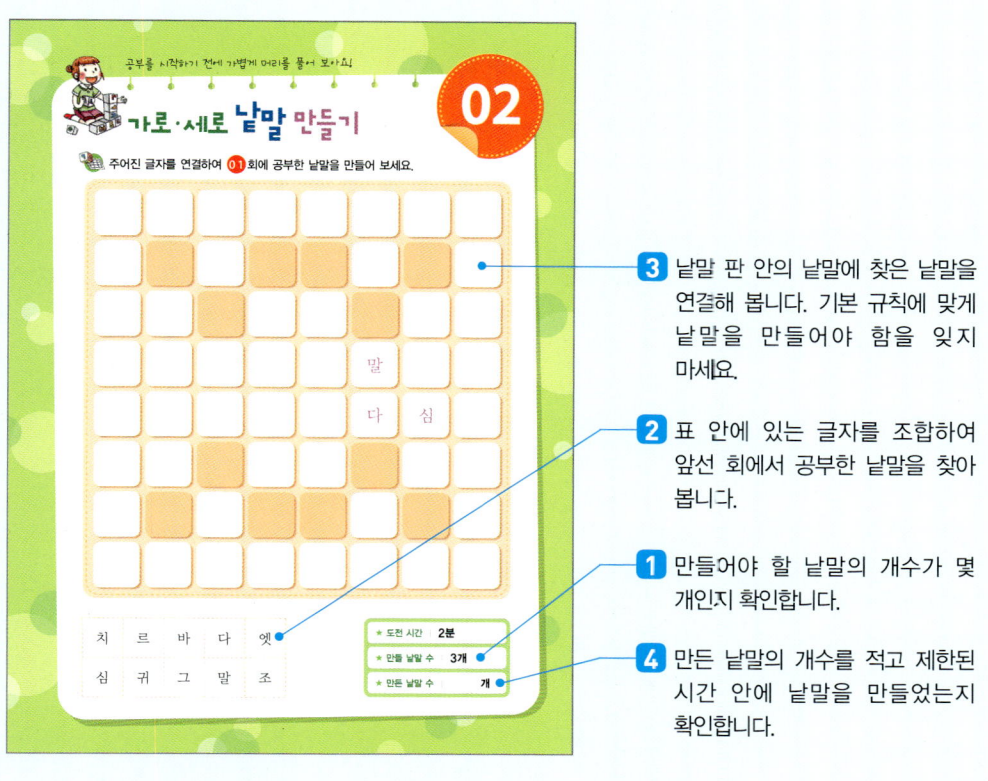

3 낱말 판 안의 낱말에 찾은 낱말을 연결해 봅니다. 기본 규칙에 맞게 낱말을 만들어야 함을 잊지 마세요.

2 표 안에 있는 글자를 조합하여 앞선 회에서 공부한 낱말을 찾아 봅니다.

1 만들어야 할 낱말의 개수가 몇 개인지 확인합니다.

4 만든 낱말의 개수를 적고 제한된 시간 안에 낱말을 만들었는지 확인합니다.

'낱말은 쏙쏙! 생각은 쑥쑥!'은 이렇게 풀어요!

그림으로 낱말 찾기

'그림으로 낱말 찾기'는 사물의 이름이나, 동작 혹은 어떤 상태나 느낌 등을 나타내는 낱말을 그림을 보면서 유추해보는 활동을 하는 꼭지입니다. 동그라미로 표시된 그림 부분이 아래 보기의 낱말 중 어느 것에 해당하는 지 찾아본 다음, 알맞은 낱말을 □ 안에 적습니다. 그림은 보는 사람에 따라 여러 가지 낱말로 만들 수 있기 때문에 반드시 보기에 제시된 낱말 중에서 가장 알맞은 낱말을 선택해야 합니다.

그리고 □ 위에는 낱말이 가리키는 품사가 적혀 있는데 보기 중에 정답으로 쓸 수 있는 낱말이 두 개 이상 있다면 제시된 품사에 맞는 낱말을 적어야 합니다. 참고로 각각의 품사가 가지고 있는 의미는 다음과 같습니다.

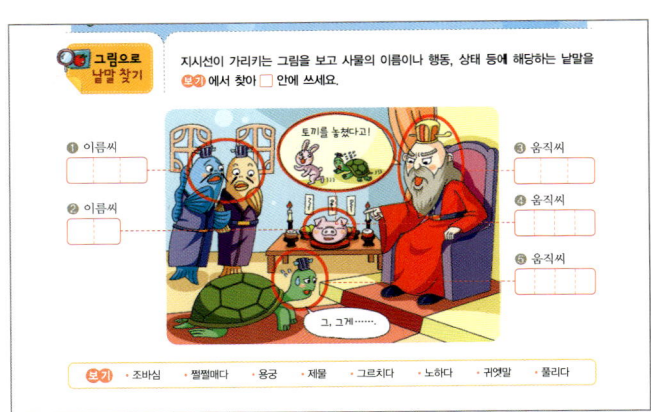

- **이름씨** : 사물의 이름을 나타내는 품사
- **움직씨** : 사물의 동작이나 작용을 나타내는 품사
- **그림씨** : 사물의 성질이나 상태를 나타내는 품사
- **어찌씨** : 다른 말 앞에 놓여 그 뜻을 분명하게 나타내는 품사

낱말 뜻 알기

'낱말 뜻 알기'는 낱말의 기본적인 뜻을 알아보는 활동입니다. 낱말의 뜻을 알기 위해서는 설명하고 있는 글의 □를 채워야 하는데, □에는 어떤 특정한 낱말의 첫 글자가 제시되어 있습니다. 제시된 첫 글자와 전체 문장의 내용을 보고 빈 □ 안에 적당한 글자를 써야 합니다.

□에 채워 완성해야 할 낱말은 비교적 쉽고 단순한 낱말들로 되어 있으므로 조금만 생각해보면 □를 채워 문장을 완성할 수 있을 것입니다.

'낱말은 쏙쏙! 생각은 쑥쑥!'에서 각 활동별로 공부하게 되는 낱말들은 '그림으로 낱말 찾기' 활동의 보기에 제시되어 있습니다. 모두 8~10개의 낱말을 공부하게 되는데, 보기에 제시된 낱말을 잘 살펴보면 모든 활동을 어렵지 않게 짧은 시간 안에 끝낼 수 있습니다.

낱말 친구 사총사

'낱말 친구 사총사'에서는 크게 3가지 활동을 하게 됩니다. 첫째는 소리는 같은 글자이지만 뜻이 다른 낱말을 찾는 활동, 둘째는 다른 세 낱말을 포함하는 큰 말을 찾는 활동, 셋째는 문장 안의 일부 구절이 어떤 뜻인지 찾는 활동입니다.

첫째 번 활동을 예를 들자면 '배'라는 낱말의 경우 문장 안에서 과일의 배로 쓰일 수도 있고 타는 배로 쓰일 수도 있습니다. 이때 만약 세 친구는 '타는 배'라는 뜻으로 배를 사용했고, 한 친구만 '과일의 배'라는 뜻으로 배를 사용했다면 셋과 다르게 말한 한 친구를 정답으로 선택합니다.

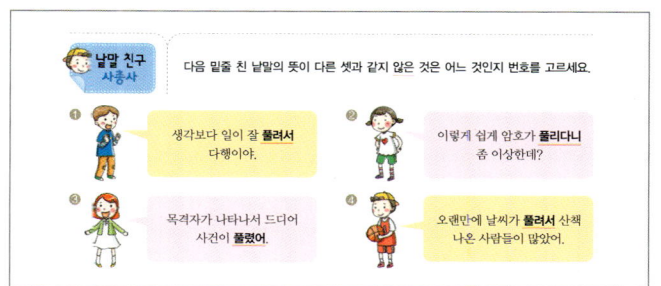

연상되는 낱말 찾기

'연상되는 낱말 찾기'는 제시된 세 낱말을 보고 공통으로 연상할 수 있는 낱말을 찾아보는 활동입니다. 제시된 세 낱말은 찾아야 할 낱말의 사전적인 의미이거나 조건이나 상태 등을 나타냅니다.

예를 들어 '산', '배낭', '오르다'라는 세 낱말이 주어졌다면 이 세 낱말을 통해 공통으로 연상할 수 있는 낱말로 '등산'을 떠올릴 수 있을 것입니다.

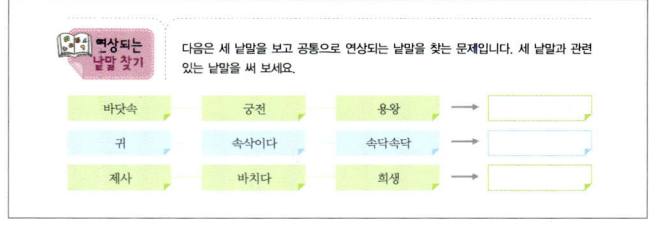

짧은 글짓기

'짧은 글짓기'는 주어진 문장 형식에 맞게 낱말을 넣어 짧은 글을 지어보는 활동입니다. 여러 가지 문장 형식으로 짧은 글을 만들다 보면 낱말이 문장 안에서 쓰일 때 어떻게 활용되는지 확인할 수 있습니다.

만약 '가방'이라는 낱말이 주어지고 이 낱말이 '누가 + 무엇을 + 어떻게 했다'라는 문장 형식을 가진 글에 들어가야 한다면 다음과 같이 문장을 만들 수 있습니다.

아버지께서 가방을 가져갔다.

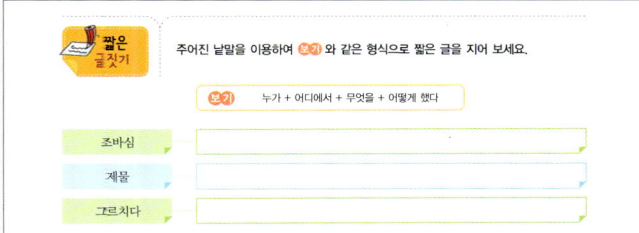

'낱말 쌈 싸 먹기'는 이렇게 풀어요!

'낱말 쌈 싸 먹기'는 맞춤법, 띄어쓰기, 관용어, 한자어와 관련된 문제를 풀게 됩니다. 이 문제들을 풀기 위해서는 다음 쪽에 나오는 '알쏭달쏭 낱말 알기'와 '관용어 알아보기'를 꼼꼼히 읽어 보세요. 문제를 푸는 데 많은 도움이 될 것입니다.

맞춤법

문장 안에 잘못 쓴 낱말을 찾아 바로 고쳐 쓰거나, 두 낱말 중 바르게 쓴 낱말을 찾는 활동입니다. 오른쪽 그림에서처럼 '곰팡이, 곰팽이' 두 낱말이 주어졌다면 '곰팡이'가 바르게 쓴 낱말이므로 '곰팡이'에 동그라미를 치면 됩니다. 맞춤법 문제에 나온 낱말은 11쪽 '알쏭달쏭 낱말 알기'에 정리해 놓았으므로 미리 읽어 두세요.

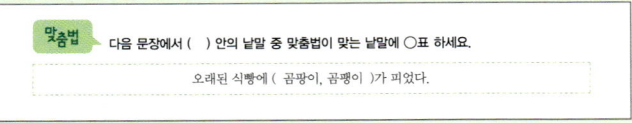

띄어쓰기

굵게 표시된 두 낱말을 중 띄어쓰기가 맞는 것을 찾는 활동입니다. 띄어쓰기 문제를 쉽게 풀기 위해서는 [도움말]을 반드시 읽어보기 바랍니다. [도움말]에는 문제로 나온 낱말을 띄어 써야 할지, 붙여 써야 할지 중요한 힌트가 들어 있기 때문입니다.

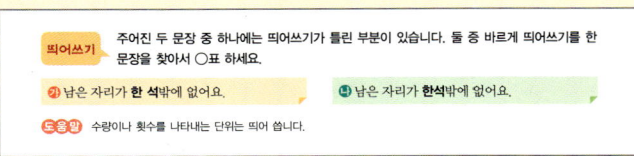

관용어

그림에 제시된 상황과 관련된 속담이나 격언 등의 관용어를 찾는 활동입니다. □ 안에 글자를 넣어 관용어를 완성해 보세요. 예를 들어 '□ 구워 먹은 소식'이라는 문제가 주어졌다면 □ 안에 '꿩'을 적으면 됩니다. 속담이나 격언 등을 잘 모른다면 12쪽 '관용어 알아보기'를 미리 읽어 두세요.

한자어

문장을 읽고 □ 안에 들어갈 한자어나 사자성어를 보기에서 찾아 적는 활동입니다. 한자나 사자성어를 잘 모른다면 한자 사전이나 사자성어를 정리해 둔 책을 같이 놓고 문제를 풀기 바랍니다.

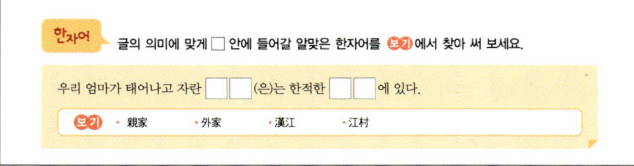

알쏭달쏭 낱말 알기

> 낱말 쌈 싸 먹기의 맞춤법에 나오는 낱말입니다.
> 바르게 쓴 것과 잘못 쓴 것을 잘 비교해서 살펴보세요.

○ 곰팡이	✕ 곰팽이	○ 외톨이	✕ 외토리
○ 공짜	✕ 꽁짜	○ 움츠리다	✕ 움추리다
○ 굳이	✕ 구지	○ 으름장	✕ 어름장
○ 굼벵이	✕ 굼뱅이	○ 이파리	✕ 잎파리
○ 굽이굽이	✕ 구비구비	○ 오지랖	✕ 오지랍
○ 그을음	✕ 그으름	○ 윽박지르다	✕ 욱박지르다
○ 깔때기	✕ 깔대기	○ 일찍이	✕ 일찌기
○ 긁적긁적	✕ 극적극적	○ 존댓말	✕ 존대말
○ 꼼꼼히	✕ 꼼꼼이	○ 진드기	✕ 찐드기
○ 꽹과리	✕ 꽹가리	○ 지푸라기	✕ 짚푸라기
○ 사뿐사뿐	✕ 사쁜사쁜	○ 초승달	✕ 초생달
○ 눈살	✕ 눈쌀	○ 천장	✕ 천정
○ 예닐곱	✕ 여닐곱	○ 휘파람	✕ 휫바람
○ 아름드리	✕ 아람드리	○ 출석률	✕ 출석율
○ 족집게	✕ 족집개	○ 흠집	✕ 험집

낱말 쌈 싸 먹기의 관용어에 나오는
속담과 격언입니다.
미리 읽어보고 문제를 풀어 보세요.

관용어 알아보기

- **가지 많은 나무에 바람 잘 날이 없다** : 자식을 많이 둔 어버이에게는 근심, 걱정이 끊일 날이 없다.
- **귀신이 곡할 노릇이다** : 신기하고 기묘하여 그 속내를 알 수 없다.
- **까마귀 날자 배 떨어진다** : 우연히 한 일이 공교롭게도 때가 같아 어떤 관계가 있는 것처럼 의심을 받게 됨.
- **꿩 구워 먹은 소식** : 소식이 전혀 없음.
- **눈 밖에 나다** : 신임을 잃고 미움을 받게 되다.
- **눈썹도 까딱하지 않다** : 아주 태연하다.
- **다리 뻗고 자다** : 마음 놓고 편히 자다.
- **물 위의 기름** : 서로 어울리지 못하여 겉도는 사이.
- **발 벗고 나서다** : 적극적으로 나서서 대들다.
- **벼 이삭은 익을수록 고개를 숙인다** : 교양 있는 사람일수록 겸손하고 남 앞에서 자기를 내세우려 하지 않는다.
- **불똥이 튀다** : 재앙이나 화가 미치다.
- **비 온 뒤에 땅이 굳어진다** : 어떤 시련을 겪은 뒤에 더 강해짐.
- **선무당이 사람 잡는다** : 능력이 없어서 제구실을 못하면서 함부로 하다가 큰일을 저지르게 됨.
- **손에 땀을 쥐다** : 아슬아슬하여 마음이 조마조마하도록 몹시 애달다.
- **수염이 석 자라도 먹어야 양반** : 배가 불러야 체면도 차릴 수 있다.
- **숲을 이루다** : 많은 것이 빽빽이 들어서 있다.
- **싹수가 노랗다** : 잘될 가능성이나 희망이 애초부터 보이지 아니하다.
- **아니 땐 굴뚝에 연기 날까** : 원인이 없으면 결과가 있을 수 없음.
- **약방에 감초** : 어떤 일에나 빠짐없이 끼어드는 사람 또는 꼭 있어야 할 물건.
- **얼굴이 두껍다** : 부끄러움을 모르고 염치가 없다.
- **옥에 티** : 나무랄 데 없이 훌륭하거나 좋은 것에 있는 사소한 흠.
- **잘되면 제 탓 못되면 조상 탓** : 일이 안될 때 그 책임을 남에게 돌리는 태도를 비유적으로 이르는 말
- **쥐구멍에도 볕 들 날 있다** : 몹시 고생을 하는 삶도 좋은 운수가 터질 날이 있다.
- **집에서 새는 바가지는 들에 가도 샌다** : 본바탕이 좋지 않은 사람은 어디 가나 그 본색을 드러내고야 만다는 말.
- **첫술에 배부르랴** : 어떤 일이든지 단번에 만족할 수는 없다.
- **코가 납작해지다** : 몹시 무안을 당하거나 기가 죽어 위신이 뚝 떨어지다.
- **피가 되고 살이 되다** : 큰 도움이 되다.
- **하나만 알고 둘은 모른다** : 사물의 한 측면만 보고 두루 보지 못한다.
- **하늘은 스스로 돕는 자를 돕는다** : 어떤 일을 이루기 위해서는 자신의 노력이 중요함을 이르는 말
- **황소 뒷걸음치다가 쥐 잡는다** : 어쩌다 우연히 이루거나 알아맞힘.

차례 Contents

3·4학년 심화 I

01회	015
02회	019
03회	023
04회	027
05회	031
06회	035
07회	039
08회	043
09회	047
10회	051
11회	055
12회	059
13회	063
14회	067
15회	071

16회	075
17회	079
18회	083
19회	087
20회	091
21회	095
22회	099
23회	103
24회	107
25회	111
26회	115
27회	119
28회	123
29회	127
30회	131
부록	한글 맞춤법 알아보기	135
정답과 해설	

" 공습국어를 시작하며

이제 본격적인 어휘력 공부를 시작하게 돼요.
크게 숨을 한 번 내쉬면서 마음을 가다듬어 보세요.
책을 끝까지 볼 수 있을까? 문제가 어렵지는 않을까? 하는 걱정이
들기도 하겠지만 막상 시작해보면 괜한 걱정이었다 싶을 거예요.
한 번에 밥을 많이 먹으면 탈이 날 수 있는 것처럼
하루에 1회씩만 꾸준히 풀어 보세요.
그러다 보면 어느새 어휘력이
무럭무럭 자라나 있는 걸 볼 수 있을 거예요.
자 그럼 이제 출발해 볼까요?

"

가로·세로 낱말 만들기

 낱말 만들기 연습을 해 보세요.

	매	절					
	상						

바	상	팽	매	이
썰	절	구	다	꾸

★ 만들어야 할 낱말 : 구상, 썰매, 절이다, 바꾸다, 팽이
★ 낱말 만들기 방법은 7쪽을 참고하세요.

낱말은 쏙쏙! 생각은 쑥쑥!

낱말 영역 |
걸린 시간 | 분   초

 **그림으로 낱말 찾기**

지시선이 가리키는 그림을 보고 사물의 이름이나 행동, 상태 등에 해당하는 낱말을 보기 에서 찾아 ☐ 안에 쓰세요.

❶ 이름씨
❷ 이름씨
❸ 움직씨
❹ 움직씨
❺ 움직씨

보기 • 조바심 • 쩔쩔매다 • 용궁 • 제물 • 그르치다 • 노하다 • 귀엣말 • 풀리다

낱말 뜻 알기

☐ 안에는 어떤 낱말의 첫 글자가 쓰여 있습니다. 이 첫 글자를 참고하여 ☐에 알맞은 말을 넣어 낱말 풀이를 완성해 보세요.

❶ **노하다** : 어☐이 몹☐ 화를 내다.
❷ **그르치다** : 잘☐하여 일을 그☐ 되게 하다.
❸ **풀리다** : 잘 모르는 것이나 어렵고 힘든 일이 해☐ 되다
❹ **귀엣말** : 남의 귀 가까이에 입을 대고 소☐☐☐ 말.
❺ **조바심** : 조☐☐☐ 하여 마음을 졸임. 또는 그렇게 졸이는 마음.

 **낱말 친구 사총사**

다음 밑줄 친 낱말의 뜻이 다른 셋과 같지 <u>않은</u> 것은 어느 것인지 번호를 고르세요.

①  생각보다 일이 잘 **풀려서** 다행이야.

②  이렇게 쉽게 암호가 **풀리다니** 좀 이상한데?

③  목격자가 나타나서 드디어 사건이 **풀렸어**.

④  오랜만에 날씨가 **풀려서** 산책 나온 사람들이 많았어.

 **연상되는 낱말 찾기**

다음은 세 낱말을 보고 공통으로 연상되는 낱말을 찾는 문제입니다. 세 낱말과 관련 있는 낱말을 써 보세요.

바닷속	궁전	용왕	→	
귀	속삭이다	속닥속닥	→	
제사	바치다	희생	→	

 **짧은 글짓기**

주어진 낱말을 이용하여 보기 와 같은 형식으로 짧은 글을 지어 보세요.

<보기> 누가 + 어디에서 + 무엇을 + 어떻게 했다

조바심	
제물	
그르치다	

낱말 쌈 싸 먹기

알쏭달쏭 헷갈리는 맞춤법, 띄어쓰기, 관용어, 한자어가 이제 한입에 쏙!
하루에 한 쪽씩 맛있게 냠냠 해치우자!

맞춤법
다음 문장에서 ( ) 안의 낱말 중 맞춤법이 맞는 낱말에 ○표 하세요.

오래된 식빵에 (곰팡이, 곰팽이)가 피었다.

띄어쓰기
주어진 두 문장 중 하나에는 띄어쓰기가 틀린 부분이 있습니다. 둘 중 바르게 띄어쓰기를 한 문장을 찾아서 ○표 하세요.

㉮ 남은 자리가 **한 석**밖에 없어요.

㉯ 남은 자리가 **한석**밖에 없어요.

도움말 수량이나 횟수를 나타내는 단위는 띄어 씁니다.

관용어
□ 안에 낱말을 넣어서 그림 속 상황과 어울리는 속담이나 격언 등을 만들어 보세요.

□ 구워 먹은 소식

한자어
글의 의미에 맞게 □ 안에 들어갈 알맞은 한자어를 보기 에서 찾아 써 보세요.

우리 엄마가 태어나고 자란 □□(은)는 한적한 □□에 있다.

보기 · 親家 · 外家 · 漢江 · 江村

공부를 시작하기 전에 가볍게 머리를 풀어 보아요!

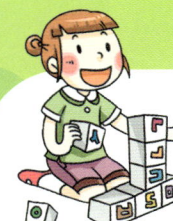

가로·세로 낱말 만들기

02

주어진 글자를 연결하여 01 회에 공부한 낱말을 만들어 보세요.

					말		
					다	심	

치	르	바	다	엣
심	귀	그	말	조

★ 도전 시간 | 2분

★ 만들 낱말 수 | 3개

★ 만든 낱말 수 | 개

낱말은 쏙쏙! 생각은 쑥쑥!

낱말 영역 |
걸린 시간 | 분 초

그림으로 낱말 찾기

지시선이 가리키는 그림을 보고 사물의 이름이나 행동, 상태 등에 해당하는 낱말을 보기에서 찾아 □ 안에 쓰세요.

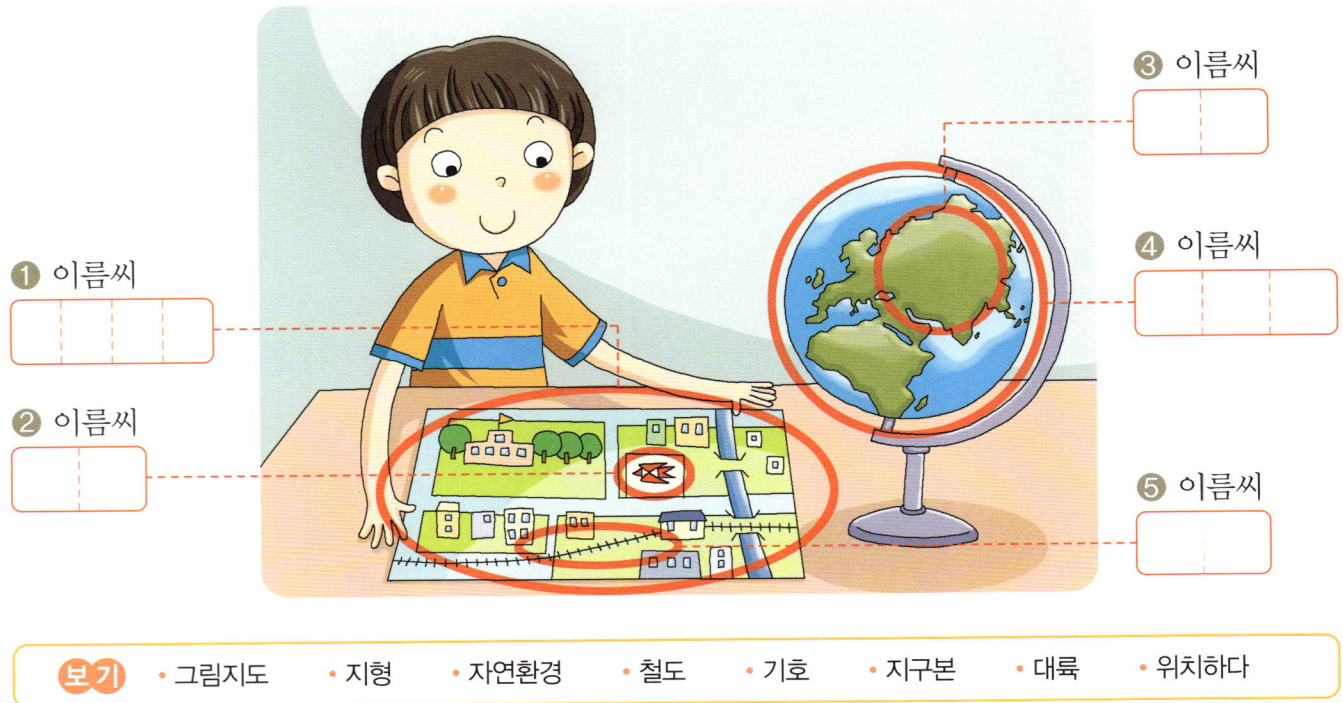

❶ 이름씨
❷ 이름씨
❸ 이름씨
❹ 이름씨
❺ 이름씨

보기 • 그림지도   • 지형   • 자연환경   • 철도   • 기호   • 지구본   • 대륙   • 위치하다

낱말 뜻 알기

□ 안에는 어떤 낱말의 첫 글자가 쓰여 있습니다. 이 첫 글자를 참고하여 □에 알맞은 말을 넣어 낱말 풀이를 완성해 보세요.

❶ **지형** : 땅의 생긴 모□ 이나 형세.
❷ **지구본** : 지□ 를 본떠 만든 모□ .
❸ **위치하다** : 일정한 곳에 자□ 를 차지하다.
❹ **기호** : 어떤 뜻을 나타내는 데 쓰는 여러 가지 표□ . 글자, 부□ , 표지 같은 것.
❺ **그림지도** : 땅 위의 모습을 한눈에 알아보기 쉽게 기□ 와 그림으로 간단하게 나타낸 지□ .

 다음 밑줄 친 낱말 중 다른 셋을 포함하는 큰 말에 해당하는 낱말을 고르세요.

❶  우리 고장의 자랑거리는 아름다운 **자연환경**이야.

❷  지난 주말에 우리 가족은 **산**에 올라갔어.

❸  하룻밤 사이 **기온**이 뚝 떨어져서 갑자기 추워졌어.

❹  우리 엄마는 **바다**에서 나는 수산물을 무척 좋아하셔.

 다음은 세 낱말을 보고 공통으로 연상되는 낱말을 찾는 문제입니다. 세 낱말과 관련 있는 낱말을 써 보세요.

땅덩어리	넓다	아시아	→	
동그랗다	모형	지구	→	
기차	철길	승객(화물)	→	

 주어진 낱말을 이용하여 보기 와 같은 형식으로 짧은 글을 지어 보세요.

보기   언제 + 누가 + 무엇을 + 어떻게 했다

위치하다	
지형	
그림지도	

낱말 쌈 싸 먹기

알쏭달쏭 헷갈리는 맞춤법, 띄어쓰기, 관용어, 한자어가 이제 한입에 쏙!
하루에 한 쪽씩 맛있게 냠냠 해치우자!

맞춤법
다음 문장에서 맞춤법이 틀린 낱말을 찾아 바르게 고쳐 써 보세요.

나에게 꽁짜로 신발이 생겼다.   (   ) → (   )

띄어쓰기
주어진 두 문장 중 하나에는 띄어쓰기가 틀린 부분이 있습니다. 둘 중 바르게 띄어쓰기를 한 문장을 찾아서 ○표 하세요.

㉮ 집에 오는 길에 **돈지갑**을 주웠다.   ㉯ 집에 오는 길에 **돈 지갑**을 주웠다.

도움말 두 낱말이 합쳐져서 하나의 낱말이 된 경우에는 붙여 씁니다.

관용어
□ 안에 낱말을 넣어서 그림 속 상황과 어울리는 속담이나 격언 등을 만들어 보세요.

□□ 많은 나무에
□□ 잘 날이 없다

한자어
글의 의미에 맞게 □ 안에 들어갈 알맞은 사자성어를 보기에서 찾아 써 보세요.

우리는 말릴 틈도 없이 지현이가 소리 지르는 것을 □□□□ 으로 보고만 있었다.

보기 • 속수무책(束手無策)   • 적반하장(賊反荷杖)   • 노발대발(怒發大發)

가로·세로 낱말 만들기

03

공부를 시작하기 전에 가볍게 머리를 풀어 보아요!

 주어진 낱글자를 연결하여 **02**회에 공부한 낱말을 만들어 보세요.

				기			
				도			
			대	지			

본	륙	도	지	기
형	구	호	대	철

★ 도전 시간 | **2분**
★ 만들 낱말 수 | **5개**
★ 만든 낱말 수 | 　　개

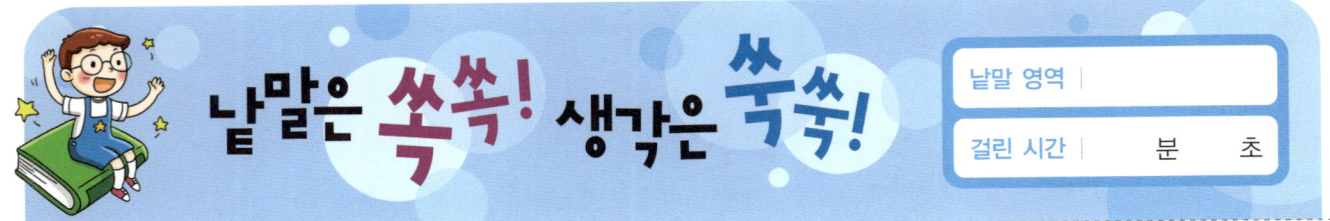

 지시선이 가리키는 그림을 보고 사물의 이름이나 행동, 상태 등에 해당하는 낱말을 보기 에서 찾아 ☐ 안에 쓰세요.

보기 • 눈금실린더 • 액체 • 현미경 • 기체 • 들이마시다 • 물질 • 유연하다 • 이루다

낱말 뜻 알기

☐ 안에는 어떤 낱말의 첫 글자가 쓰여 있습니다. 이 첫 글자를 참고하여 ☐에 알맞은 말을 넣어 낱말 풀이를 완성해 보세요.

❶ 유연하다 : 부☐☐☐ 연하다.

❷ 들이마시다 : 공기나 냄☐ 등을 입이나 코로 빨☐☐☐☐.

❸ 액체 : 일정한 부피는 가졌으나 일정한 형☐ 를 가지지 못한 물질의 상☐.

❹ 현미경 : 눈으로는 볼 수 없을 만큼 작☐ 물체나 물질을 확☐ 해서 보는 기구.

❺ 눈금실린더 : 액체의 부☐ 를 잴 수 있도록 눈☐ 을 새긴 원통형의 시험관.

 다음 밑줄 친 낱말의 뜻이 다른 셋과 같지 않은 것은 어느 것인지 번호를 고르세요.

❶  물체를 **이루는** 물질은 저마다 독특한 성질을 가지고 있어.

❷  산들이 여러 개가 이어져서 산맥을 **이루지**.

❸  친구들과 함께 환상의 팀을 **이루었어**.

❹  어린 시절의 꿈을 **이룬** 사람이 얼마나 될까?

 다음은 세 낱말을 보고 공통으로 연상되는 낱말을 찾는 문제입니다. 세 낱말과 관련 있는 낱말을 써 보세요.

퍼지다	연기	공기	⟶	
미생물	전자	확대하다	⟶	
체조선수	부드럽다	구부러지다	⟶	

 주어진 낱말을 이용하여 보기 와 같은 형식으로 짧은 글을 지어 보세요.

보기 언제 + 누가 + 무엇을 + 어떻게 했다

물질	
들이마시다	
액체	

낱말 쌈 싸 먹기

알쏭달쏭 헷갈리는 맞춤법, 띄어쓰기, 관용어, 한자어가 이제 한입에 쏙!
하루에 한 쪽씩 맛있게 냠냠 해치우자!

맞춤법 다음 문장에서 ( ) 안의 낱말 중 맞춤법이 맞는 낱말에 ○표 하세요.

나는 (굳이, 구지) 친구에게 핑계를 대고 싶지 않았다.

띄어쓰기 주어진 두 문장 중 하나에는 띄어쓰기가 틀린 부분이 있습니다. 둘 중 바르게 띄어쓰기를 한 문장을 찾아서 ○표 하세요.

㉮ 삼촌이 **첫 월급**을 받아서 사 주신 거야.

㉯ 삼촌이 **첫월급**을 받아서 사 주신 거야.

도움말 꾸며 주는 말은 띄어 씁니다.

관용어 □ 안에 낱말을 넣어서 그림 속 상황과 어울리는 속담이나 격언 등을 만들어 보세요.

□가 납작해지다

한자어 글의 의미에 맞게 □ 안에 들어갈 알맞은 한자어를 **보기**에서 찾아 써 보세요.

일기 예보에서 중부 □□에 □□(이)가 분다고 해서, 옷을 두툼하게 입고 집을 나섰다.

보기 ·地下   ·地方   ·强風   ·强弱

공부를 시작하기 전에 가볍게 머리를 풀어 보아요!

가로·세로 낱말 만들기

04

 주어진 글자를 연결하여 **03**회에 공부한 낱말을 만들어 보세요.

				경	기		
				연	물		

경	연	질	체	유
액	현	기	미	물

★ 도전 시간 | **2분**

★ 만들 낱말 수 | **5개**

★ 만든 낱말 수 | 개

낱말은 쏙쏙! 생각은 쑥쑥!

낱말 영역	
걸린 시간	분 초

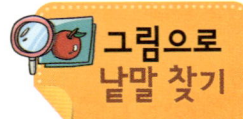

지시선이 가리키는 그림을 보고 사물의 이름이나 행동, 상태 등에 해당하는 낱말을 **보기**에서 찾아 □ 안에 쓰세요.

❶ 이름씨
❷ 움직씨
❸ 움직씨
❹ 그림씨
❺ 움직씨

보기 • 절제 • 동동거리다 • 준법 • 근면 • 짚다 • 경사지다 • 이다 • 도리 • 본받다

낱말 뜻 알기

□ 안에는 어떤 낱말의 첫 글자가 쓰여 있습니다. 이 첫 글자를 참고하여 □에 알맞은 말을 넣어 낱말 풀이를 완성해 보세요.

❶ 준법 : 법률이나 규[ ]을 좇아 지[ ].
❷ 본받다 : 본[ ][ ]로 하여 그대로 따[ ] 하다.
❸ 경사지다 : 땅이나 바[ ] 등이 한쪽으로 기[ ][ ]지다.
❹ 절제 : 정도를 넘[ ] 않도록 알맞게 조[ ] 하여 제한함.
❺ 도리 : 사람이 어떤 입장에서 마[ ][ ] 행하여야 할 바[ ] 길.

 다음 밑줄 친 낱말의 뜻이 다른 셋과 같지 않은 것은 어느 것인지 번호를 고르세요.

 ① 다리를 다쳐서 한동안 목발을 **짚고** 다녔어.

 ② 우리 할머니는 기운이 없어서 지팡이를 꼭 **짚어야** 하신대.

 ③ 머리가 아프다고 하니까 엄마가 내 이마를 **짚어** 보셨어.

 ④ 넘어진 아이가 얼른 땅을 **짚고** 일어났어.

 다음은 세 낱말을 보고 공통으로 연상되는 낱말을 찾는 문제입니다. 세 낱말과 관련 있는 낱말을 써 보세요.

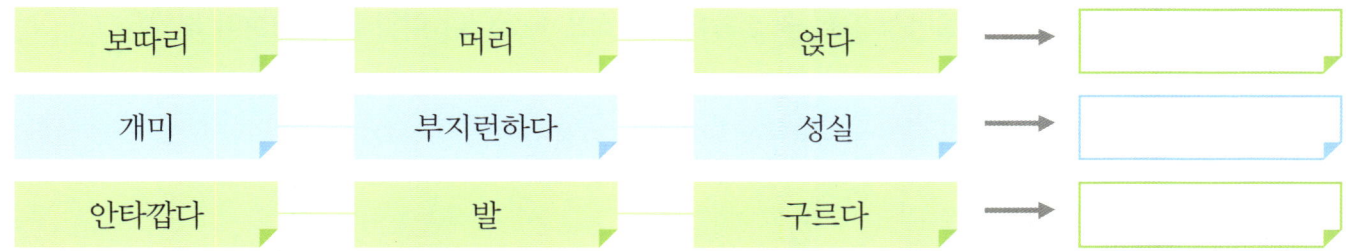

 주어진 낱말을 이용하여 보기와 같은 형식으로 짧은 글을 지어 보세요.

보기   누가 + 왜 + 무엇을 + 어떻게 했다

절제

본받다

도리

낱말 쌈 싸 먹기

알쏭달쏭 헷갈리는 맞춤법, 띄어쓰기, 관용어, 한자어가 이제 한입에 쏙!
하루에 한 쪽씩 맛있게 냠냠 해치우자!

맞춤법 다음 문장에서 맞춤법이 틀린 낱말을 찾아 바르게 고쳐 써 보세요.

초담이는 굼뱅이처럼 느릿느릿하게 움직인다. ( ) → ( )

띄어쓰기 주어진 두 문장 중 하나에는 띄어쓰기가 틀린 부분이 있습니다. 둘 중 바르게 띄어쓰기를 한 문장을 찾아서 ○표 하세요.

㉮ 아기가 자고 있으니까 조용히 **들어 가라**.

㉯ 아기가 자고 있으니까 조용히 **들어가라**.

도움말 '밖에서 안으로 향하여 가다.' 라는 뜻을 가진 한 낱말입니다.

관용어 □ 안에 낱말을 넣어서 그림 속 상황과 어울리는 속담이나 격언 등을 만들어 보세요.

□□이 곡할 노릇이다

한자어 글의 의미에 맞게 □ 안에 들어갈 알맞은 사자성어를 **보기** 에서 찾아 써 보세요.

엄마가 방학 계획표를 보시더니, □□□□(이)가 되지 않도록 노력하라고 말씀하셨다.

보기 • 동분서주(東奔西走) • 설상가상(雪上加霜) • 용두사미(龍頭蛇尾)

공부를 시작하기 전에 가볍게 머리를 풀어 보아요!

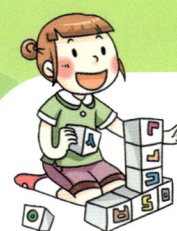

가로·세로 낱말 만들기

05

주어진 글자를 연결하여 04회에 공부한 낱말을 만들어 보세요.

				근	본		
			제				
			사				

제	경	본	근	사
받	면	지	절	다

★ 도전 시간 | 2분

★ 만들 낱말 수 | 4개

★ 만든 낱말 수 | 개

낱말은 쏙쏙! 생각은 쑥쑥!

낱말 영역	
걸린 시간	분 초

지시선이 가리키는 그림을 보고 사물의 이름이나 행동, 상태 등에 해당하는 낱말을 **보기**에서 찾아 ☐ 안에 쓰세요.

❶ 이름씨
❷ 이름씨
❸ 움직씨
❹ 움직씨
❺ 이름씨

보기 • 리코더 • 막다 • 불다 • 이중주 • 멜로디언 • 실력 • 젓다 • 익히다

☐ 안에는 어떤 낱말의 첫 글자가 쓰여 있습니다. 이 첫 글자를 참고하여 ☐에 알맞은 말을 넣어 낱말 풀이를 완성해 보세요.

❶ **이중주** : 두 개의 악☐ 로 합주하는 연주.

❷ **실력** : 실제로 갖추고 있는 힘이나 능☐.

❸ **불다** : 입☐ 을 내보내서 물체를 부풀게 하거나 피리 같은 악기의 소☐ 를 내다.

❹ **젓다** : 팔이나 다리 등 신☐ 의 일부를 일정한 방향으로 계속해서 움☐ 이다.

❺ **멜로디언** : 건반 악기 가운데 하나. 입으로 바☐ 을 불어 넣으면서 건☐ 을 눌러 소리를 낸다.

다음 밑줄 친 낱말의 뜻이 다른 셋과 같지 않은 것은 어느 것인지 번호를 고르세요.

❶  우리 아빠는 고등학생 때부터 기술을 **익혀서** 훌륭한 기술자가 되셨어.

❷  나는 요즘 피아노를 **익히기** 위해 노력하고 있어.

❸  여름철에는 음식을 잘 **익혀서** 먹어야 해.

❹  내 동생은 다섯 살에 글을 **익히더니** 지금은 시를 지어.

다음은 세 낱말을 보고 공통으로 연상되는 낱말을 찾는 문제입니다. 세 낱말과 관련 있는 낱말을 써 보세요.

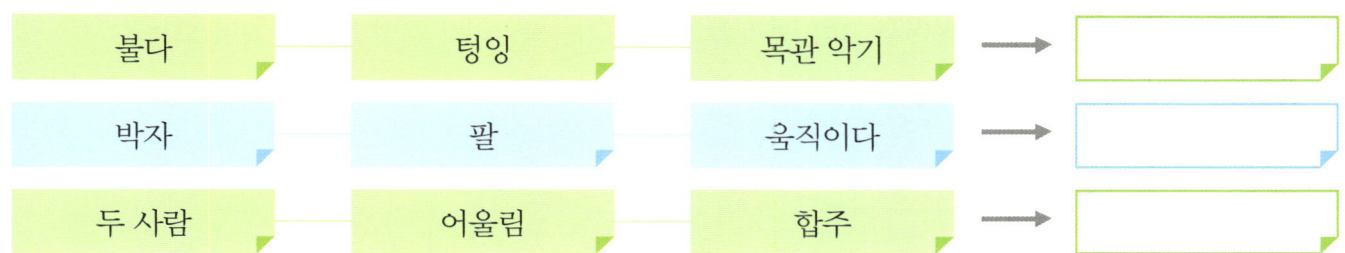

불다	텅잉	목관 악기	→	
박자	팔	움직이다	→	
두 사람	어울림	합주	→	

주어진 낱말을 이용하여 **보기**와 같은 형식으로 짧은 글을 지어 보세요.

보기   누가 + 무엇을 + 어떻게 했다

막다	
실력	
불다	

낱말 쌈 싸 먹기

알쏭달쏭 헷갈리는 맞춤법, 띄어쓰기, 관용어, 한자어가 이제 한입에 쏙!
하루에 한 쪽씩 맛있게 냠냠 해치우자!

맞춤법
다음 문장에서 ( ) 안의 낱말 중 맞춤법이 맞는 낱말에 ○표 하세요.

(구비구비, 굽이굽이) 흘러가는 강물을 바라보았다.

띄어쓰기
주어진 두 문장 중 하나에는 띄어쓰기가 틀린 부분이 있습니다. 둘 중 바르게 띄어쓰기를 한 문장을 찾아서 ○표 하세요.

㉮ 아기가 거북이처럼 **엉금엉금** 기었다.

㉯ 아기가 거북이처럼 **엉금 엉금** 기었다.

도움말 모양이나 소리를 흉내내는 낱말을 붙여서 씁니다.

관용어
□ 안에 낱말을 넣어서 그림 속 상황과 어울리는 속담이나 격언 등을 만들어 보세요.

아니 땐 □□에 □□ 날까?

한자어
글의 의미에 맞게 □ 안에 들어갈 알맞은 한자어를 보기 에서 찾아 써 보세요.

꼭 □□하여 고향으로 돌아오겠다는 말을 남기고 □□한 지 벌써 5년이나 지났다.

보기 · 出世 · 出入 · 下落 · 上京

가로·세로 낱말 만들기

 주어진 글자를 연결하여 **05** 회에 공부한 낱말을 만들어 보세요.

			실				
		주	리				
		다					

코	중	젓	실	리
주	력	더	이	다

★ 도전 시간 | **1분**
★ 만들 낱말 수 | **4개**
★ 만든 낱말 수 | 개

낱말은 쏙쏙! 생각은 쑥쑥!

낱말 영역	
걸린 시간	분　초

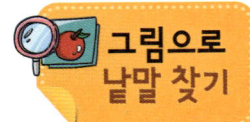 **그림으로 낱말 찾기**

지시선이 가리키는 그림을 보고 사물의 이름이나 행동, 상태 등에 해당하는 낱말을 보기 에서 찾아 □ 안에 쓰세요.

❶ 이름씨

❷ 이름씨

❸ 움직씨

❹ 이름씨

❺ 이름씨

보기 • 거르다　• 민속촌　• 고물　• 승강이　• 한과　• 행렬　• 지지다　• 엿치기　• 가입하다

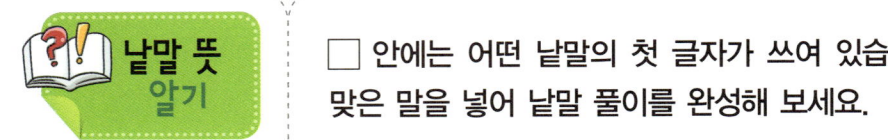 **낱말 뜻 알기**

□ 안에는 어떤 낱말의 첫 글자가 쓰여 있습니다. 이 첫 글자를 참고하여 □에 알맞은 말을 넣어 낱말 풀이를 완성해 보세요.

❶ **행렬** : 여럿이 줄□□ 감.

❷ **가입하다** : 조직이나 단□ 등에 들어가다.

❸ **승강이** : 서로 자기주장을 고□ 하며 옥□□ 하는 일.

❹ **지지다** : 불에 달군 판에 기□ 을 두르고 전 등을 부□ 익히다.

❺ **한과** : 다식, 강정 등처럼 우리나라에서 옛□ 부터 만들어 온 과□.

 **낱말 친구 사총사**

다음 밑줄 친 낱말의 뜻이 다른 셋과 같지 <u>않은</u> 것은 어느 것인지 번호를 고르세요.

①  엄마가 된장을 체에 **걸러** 국을 끓이셨어.

②  난 밥알이 싫어서 식혜를 **걸러서** 먹어.

③  깨끗해 보이는 물이었는데 **거르니까** 찌꺼기가 나왔어.

④  우리 가족은 무슨 일이 있어도 끼니를 **거르지** 않아.

 **연상되는 낱말 찾기**

다음은 세 낱말을 보고 공통으로 연상되는 낱말을 찾는 문제입니다. 세 낱말과 관련 있는 낱말을 써 보세요.

초가집	옛날	마을	→	
엿가래	구멍	승패	→	
떡	가루	묻히다	→	

 **짧은 글짓기**

주어진 낱말을 이용하여 보기 와 같은 형식으로 짧은 글을 지어 보세요.

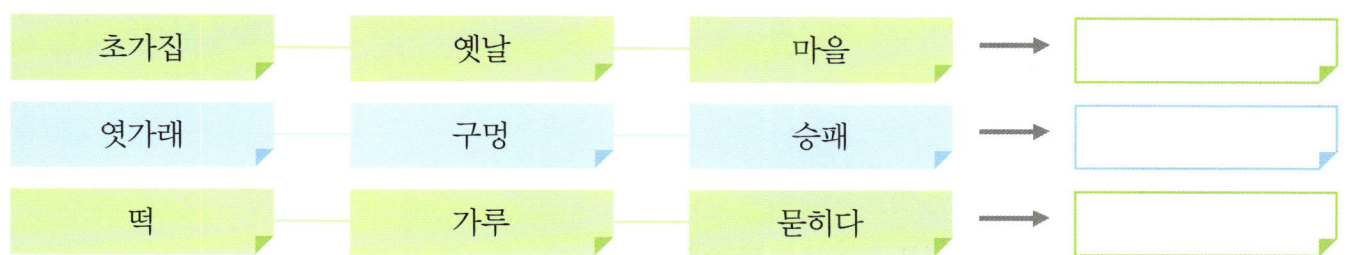

보기   누가 + 어디에서 + 무엇을 + 어떻게 했다

가입하다	
승강이	
한과	

낱말 쌈 싸 먹기

알쏭달쏭 헷갈리는 맞춤법, 띄어쓰기, 관용어, 한자어가 이제 한입에 쏙!
하루에 한 쪽씩 맛있게 냠냠 해치우자!

맞춤법
다음 문장에서 맞춤법이 틀린 낱말을 찾아 바르게 고쳐 써 보세요.

난로에서 그으름이 많이 났다.   (   ) → (   )

띄어쓰기
주어진 두 문장 중 하나에는 띄어쓰기가 틀린 부분이 있습니다. 둘 중 바르게 띄어쓰기를 한 문장을 찾아서 ○표 하세요.

가 우리 아빠는 술을 **한잔**도 못 드셔.

나 우리 아빠는 술을 **한 잔**도 못 드셔.

도움말 '잔'은 수량을 나타내는 단위입니다.

관용어
□ 안에 낱말을 넣어서 그림 속 상황과 어울리는 속담이나 격언 등을 만들어 보세요.

□□도 까딱하지 않다

한자어
글의 의미에 맞게 □ 안에 들어갈 알맞은 사자성어를 **보기**에서 찾아 써 보세요.

그 팀은 얼마나 실력이 뛰어난지 어느 팀과 경기를 하더라도 □□□□이었다.

보기 · 용호상박(龍虎相搏)   · 백전백승(百戰百勝)   · 진퇴양난(進退兩難)

공부를 시작하기 전에 가볍게 머리를 풀어 보아요!

가로·세로 낱말 만들기

 주어진 글자를 연결하여 **06**회에 공부한 낱말을 만들어 보세요.

				이		고	
				치		행	

강	물	치	행	고
기	렬	이	엿	승

★ 도전 시간 | **1분**
★ 만들 낱말 수 | **4개**
★ 만든 낱말 수 | 개

낱말은 쏙쏙! 생각은 쑥쑥!

낱말 영역	
걸린 시간	분 초

 **그림으로 낱말 찾기**

지시선이 가리키는 그림을 보고 사물의 이름이나 행동, 상태 등에 해당하는 낱말을 보기에서 찾아 ☐ 안에 쓰세요.

❶ 이름씨

❷ 이름씨

❸ 이름씨

❹ 이름씨

❺ 움직씨

보기 • 행사 • 지명 • 참여하다 • 특산물 • 홍보 • 열리다 • 주최하다 • 자부심 • 유래 • 표어

 **낱말 뜻 알기**

☐ 안에는 어떤 낱말의 첫 글자가 쓰여 있습니다. 이 첫 글자를 참고하여 ☐에 알맞은 말을 넣어 낱말 풀이를 완성해 보세요.

❶ **참여하다** : 어떤 일에 끼어들어 관☐ 하다.

❷ **지명** : 마☐ 이나 지방, 산천, 지역 등의 이☐.

❸ **유래** : 일이나 물건이 예☐ 부터 이어져 내려온 과☐ 이나 역사.

❹ **홍보물** : 어떤 사실이나 제품 등을 널리 알☐☐ 만든 여러 가지 문서나 물☐.

❺ **자부심** : 자기 자신 또는 자기와 관련되어 있는 것에 대해 스☐☐ 그 가치나 능력을 믿고 당당히 여기는 마☐.

 **낱말 친구 사총사**

다음 밑줄 친 낱말의 뜻이 다른 셋과 같지 않은 것은 어느 것인지 번호를 고르세요.

①  2002년에는 한국에서 월드컵이 **열렸어**.

②  집 근처 공원에서 **열린** 마을 음악회에 다녀왔어.

③  요즘은 지방에서 **열리는** 특색있는 축제가 많아.

④  옆집 감나무에 감이 주렁주렁 **열렸어**.

 **연상되는 낱말 찾기**

다음은 세 낱말을 보고 공통으로 연상되는 낱말을 찾는 문제입니다. 세 낱말과 관련 있는 낱말을 써 보세요.

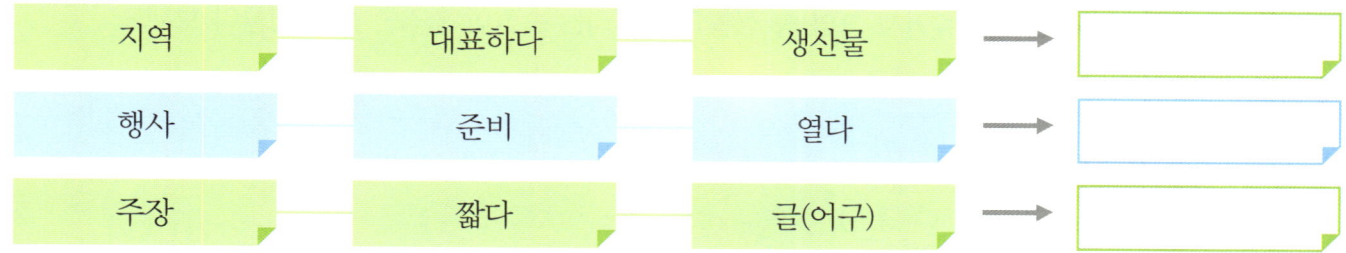

지역	대표하다	생산물	→	
행사	준비	열다	→	
주장	짧다	글(어구)	→	

 **짧은 글짓기**

주어진 낱말을 이용하여 보기 와 같은 형식으로 짧은 글을 지어 보세요.

보기   누가 + 무엇을 + 어떻게 했다

자부심	
유래	
주최하다	

낱말 쌈 싸 먹기

알쏭달쏭 헷갈리는 맞춤법, 띄어쓰기, 관용어, 한자어가 이제 한입에 쏙!
하루에 한 쪽씩 맛있게 냠냠 해치우자!

맞춤법 다음 문장에서 ( ) 안의 낱말 중 맞춤법이 맞는 낱말에 ○표 하세요.

과학 시간에 (깔때기, 깔대기)를 사용하여 물을 담았다.

띄어쓰기 주어진 두 문장 중 하나에는 띄어쓰기가 틀린 부분이 있습니다. 둘 중 바르게 띄어쓰기를 한 문장을 찾아서 ○표 하세요.

가 모두 구경만 **할 뿐** 사는 사람은 없었다.

나 모두 구경만 **할뿐** 사는 사람은 없었다.

도움말 '뿐'은 '다만 어떠하거나 어찌할 따름'이라는 뜻을 가진 낱말입니다.

관용어 □ 안에 낱말을 넣어서 그림 속 상황과 어울리는 속담이나 격언 등을 만들어 보세요.

□□ 뒷걸음치다가
□ 잡는다

한자어 글의 의미에 맞게 □ 안에 들어갈 알맞은 한자어를 보기 에서 찾아 써 보세요.

그 많은 □□들이 함께 지내기에는 □□(이)가 너무 부족하다.

보기 • 食事   • 食口   • 空間   • 空中

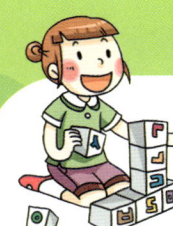

공부를 시작하기 전에 가볍게 머리를 풀어 보아요!

가로·세로 낱말 만들기

08

주어진 글자를 연결하여 07회에 공부한 낱말을 만들어 보세요.

			어				
			부	심	보		

보	심	물	표	부
어	특	자	홍	산

★ 도전 시간 | 1분

★ 만들 낱말 수 | 4개

★ 만든 낱말 수 | 개

낱말은 쏙쏙! 생각은 쑥쑥!

낱말 영역	
걸린 시간	분 초

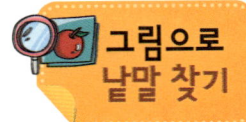 **그림으로 낱말 찾기**

지시선이 가리키는 그림을 보고 사물의 이름이나 행동, 상태 등에 해당하는 낱말을 보기 에서 찾아 ☐ 안에 쓰세요.

❶ 움직씨
❷ 그림씨
❸ 이름씨
❹ 움직씨
❺ 이름씨

보기 • 자석 • 끌어당기다 • 극 • 나침반 • 강력하다 • 자화 • 개선하다 • 입자 • 달라붙다

낱말 뜻 알기

☐ 안에는 어떤 낱말의 첫 글자가 쓰여 있습니다. 이 첫 글자를 참고하여 ☐에 알맞은 말을 넣어 낱말 풀이를 완성해 보세요.

❶ **입자** : 물질을 이루는 작은 알☐☐.
❷ **극** : 자석에서 자력이 가장 센 양☐의 끝.
❸ **자석** : 쇠를 끌☐☐☐☐ 자기를 띤 물체.
❹ **자화** : 물체가 자기장 안에서 자☐의 성☐을 가지게 되는 것.
❺ **개선하다** : 잘☐☐ 것이나 부족한 것, 나쁜 것 등을 고☐ 더 좋게 만들다.

 낱말 친구 사총사

다음 밑줄 친 낱말의 뜻이 다른 셋과 같지 <u>않은</u> 것은 어느 것인지 번호를 고르세요.

① 자다가 추워서 이불을 **끌어당겨** 덮었어.

② 전학 온 아이가 내 마음을 **끌어당겨**.

③ 자석이 클립을 **끌어당겼어**.

④ 갑자기 동생이 세게 **끌어당기는** 바람에 넘어졌어.

 연상되는 낱말 찾기

다음은 세 낱말을 보고 공통으로 연상되는 낱말을 찾는 문제입니다. 세 낱말과 관련 있는 낱말을 써 보세요.

동서남북	길잡이	방향	→	
쇠붙이	붙다	철가루	→	
막대자석	끝	자기력	→	

 짧은 글짓기

주어진 낱말을 이용하여 보기 와 같은 형식으로 짧은 글을 지어 보세요.

보기   누가 + 왜 + 무엇을 + 어떻게 했다

강력하다	
개선하다	
입자	

낱말 쌈 싸 먹기

알쏭달쏭 헛갈리는 맞춤법, 띄어쓰기, 관용어, 한자어가 이제 한입에 쏙!
하루에 한 쪽씩 맛있게 냠냠 해치우자!

맞춤법 다음 문장에서 맞춤법이 틀린 낱말을 찾아 바르게 고쳐 써 보세요.

유찬이는 미안한듯 머리를 극적극적 긁었다.   (   ) → (   )

띄어쓰기 주어진 두 문장 중 하나에는 띄어쓰기가 틀린 부분이 있습니다. 둘 중 바르게 띄어쓰기를 한 문장을 찾아서 ○표 하세요.

㉮ 나는 **잔 심부름**을 하고 용돈을 받았다.
㉯ 나는 **잔심부름**을 하고 용돈을 받았다.

도움말 '자질구레한 심부름'이라는 뜻을 가진 낱말입니다.

관용어 □ 안에 낱말을 넣어서 그림 속 상황과 어울리는 속담이나 격언 등을 만들어 보세요.

집에서 새는 □□□ 밖에서도 샌다

한자어 글의 의미에 맞게 □ 안에 들어갈 알맞은 사자성어를 보기 에서 찾아 써 보세요.

우리 아빠와 고모부는 어릴 때부터 같은 동네에서 자란 □□□□ 이다.

보기 • 죽마고우(竹馬故友)   • 우후죽순(雨後竹筍)   • 주마간산(走馬看山)

가로·세로 낱말 만들기

 주어진 글자를 연결하여 **08** 회에 공부한 낱말을 만들어 보세요.

			개	입		
			침			
			강			

침	선	입	나	화
력	자	반	강	개

★ 도전 시간 | **1분**
★ 만들 낱말 수 | **5개**
★ 만든 낱말 수 | 개

낱말은 쏙쏙! 생각은 쑥쑥!

낱말 영역 |
걸린 시간 | 분 초

 지시선이 가리키는 그림을 보고 사물의 이름이나 행동, 상태 등에 해당하는 낱말을 **보기**에서 찾아 □ 안에 쓰세요.

❶ 이름씨
❷ 움직씨
❸ 이름씨
❹ 이름씨
❺ 그림씨

보기 • 과수원 • 나누다 • 모나다 • 필산 • 지폐 • 조건 • 조합되다 • 몫

낱말 뜻 알기 □ 안에는 어떤 낱말의 첫 글자가 쓰여 있습니다. 이 첫 글자를 참고하여 □에 알맞은 말을 넣어 낱말 풀이를 완성해 보세요.

❶ **몫** : 나 □ □ 에서 나누어 떨어지는 수.

❷ **나누다** : 여러 가지가 섞 □ 것을 구분하여 분 □ 하다.

❸ **조합되다** : 여럿이 한 □ 모여 한 덩 □ □ 로 짜이다.

❹ **모나다** : 면과 면이 만나 겉으로 튀 □ □ 부분이 있다.

❺ **조건** : 어떤 일을 이 □ 하거나 이루지 못하게 하기 위하여 갖 □ □ 할 상태나 요소.

다음 밑줄 친 낱말의 뜻이 다른 셋과 같지 않은 것은 어느 것인지 번호를 고르세요.

① 체육대회 때 전교생을 청군과 백군으로 **나누었어**.

② 우리 동네는 이웃끼리 정답게 인사를 **나눠**.

③ 안 입는 옷을 버릴 것과 물려줄 것으로 **나누어** 정리했어.

④ 접시에 과일을 종류대로 **나누어** 담았어.

다음은 세 낱말을 보고 공통으로 연상되는 낱말을 찾는 문제입니다. 세 낱말과 관련 있는 낱말을 써 보세요.

돈	종이	다발	→	
교외	사과나무	수확	→	
숫자	쓰다	계산	→	

주어진 낱말을 이용하여 보기 와 같은 형식으로 짧은 글을 지어 보세요.

보기   언제 + 누가 + 무엇을 + 어떻게 했다

조건	
모나다	
조합되다	

낱말 쌈 싸 먹기

알쏭달쏭 헷갈리는 맞춤법, 띄어쓰기, 관용어, 한자어가 이제 한입에 쏙!
하루에 한 쪽씩 맛있게 냠냠 해치우자!

맞춤법
다음 문장에서 ( ) 안의 낱말 중 맞춤법이 맞는 낱말에 ○표 하세요.

서현이는 준비물을 (꼼꼼이, 꼼꼼히) 챙겼다.

띄어쓰기
주어진 두 문장 중 하나에는 띄어쓰기가 틀린 부분이 있습니다. 둘 중 바르게 띄어쓰기를 한 문장을 찾아서 ○표 하세요.

㉮ 흩어져 있는 양들을 우리에 **몰아넣어라**.

㉯ 흩어져 있는 양들을 우리에 **몰아 넣어라**.

도움말 '몰아서 안으로 들어가게 하다.'라는 뜻을 가진 한 낱말입니다.

관용어
☐ 안에 낱말을 넣어서 그림 속 상황과 어울리는 속담이나 격언 등을 만들어 보세요.

☐☐이 튀다

한자어
글의 의미에 맞게 ☐ 안에 들어갈 알맞은 한자어를 **보기**에서 찾아 써 보세요.

나는 꿈이 과학자일 만큼 ☐☐ 과목은 좋아하지만, 운동 신경이 없어서 ☐☐ 과목은 싫다.

보기 • 科學   • 科目   • 體育   • 敎育

가로·세로 낱말 만들기

10

 주어진 글자를 연결하여 **09**회에 공부한 낱말을 만들어 보세요.

		산	모			
		지	조			

폐	산	다	건	나
모	조	지	필	합

★ 도전 시간 | **1분**
★ 만들 낱말 수 | **5개**
★ 만든 낱말 수 | 개

낱말은 쏙쏙! 생각은 쑥쑥!

| 낱말 영역 | |
| 걸린 시간 | 분 초 |

 **그림으로 낱말 찾기**

지시선이 가리키는 그림을 보고 사물의 이름이나 행동, 상태 등에 해당하는 낱말을 보기 에서 찾아 □ 안에 쓰세요.

❶ 이름씨
❷ 움직씨
❸ 이름씨
❹ 움직씨
❺ 이름씨

보기 • 색상환 • 수채화 • 팔레트 • 섞다 • 묻다 • 오방색 • 찍다 • 기법

 **낱말 뜻 알기**

□ 안에는 어떤 낱말의 첫 글자가 쓰여 있습니다. 이 첫 글자를 참고하여 □에 알맞은 말을 넣어 낱말 풀이를 완성해 보세요.

❶ **찍다** : 점이나 문□ 부호 등을 써넣다.

❷ **섞다** : 두 가지 이상의 것을 한데 합□□.

❸ **팔레트** : 수채화나 유화를 그릴 때, 그□□□을 짜내어 섞□ 위한 판.

❹ **묻다** : 가□, 풀, 물 등이 그보다 큰 다른 물체에 들러붙거나 흔□이 남게 되다.

❺ **오방색** : 우리나라 전□의 색으로 동, 서, 남, 북 중앙의 다□ 방향을 상징하는 색.

 다음 밑줄 친 낱말의 뜻이 다른 셋과 같지 <u>않은</u> 것은 어느 것인지 번호를 고르세요.

❶  미술 시간에 붓으로 점들을 **찍어서** 표현해 보았어.

❷  문장 끝에는 꼭 마침표를 **찍어야** 해.

❸  호박전이 싱거워서 간장을 **찍어** 먹었어.

❹  원의 한가운데 점을 **찍은** 후 시계를 그렸어.

 다음은 세 낱말을 보고 공통으로 연상되는 낱말을 찾는 문제입니다. 세 낱말과 관련 있는 낱말을 써 보세요.

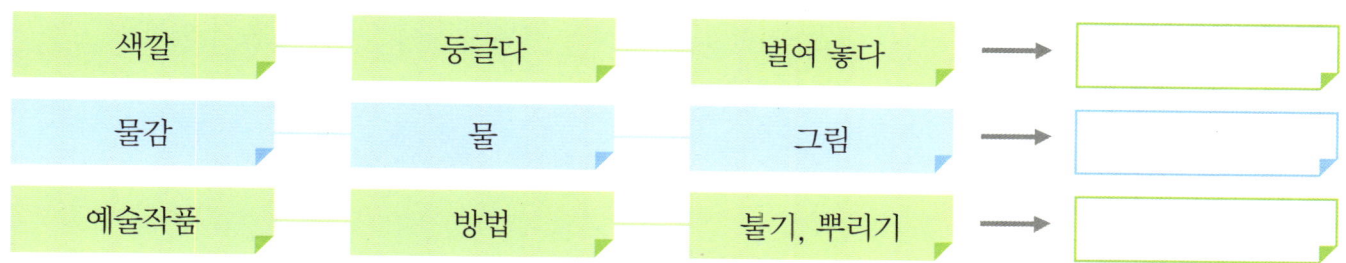

색깔	둥글다	벌여 놓다	→	
물감	물	그림	→	
예술작품	방법	불기, 뿌리기	→	

 주어진 낱말을 이용하여 보기 와 같은 형식으로 짧은 글을 지어 보세요.

보기   누가 + 왜 + 무엇을 + 어떻게 했다

섞다	
오방색	
기법	

낱말 쌈 싸 먹기

알쏭달쏭 헛갈리는 맞춤법, 띄어쓰기, 관용어, 한자어가 이제 한입에 쏙!
하루에 한 쪽씩 맛있게 냠냠 해치우자!

맞춤법 다음 문장에서 맞춤법이 틀린 낱말을 찾아 바르게 고쳐 써 보세요.

사람들은 꽹가리 소리에 맞추어 다함께 춤을 추었다.   (   ) → (   )

띄어쓰기 주어진 두 문장 중 하나에는 띄어쓰기가 틀린 부분이 있습니다. 둘 중 바르게 띄어쓰기를 한 문장을 찾아서 ○표 하세요.

㉮ 어떤 선물을 사 줄 것인지 **결정지었다**.

㉯ 어떤 선물을 사 줄 것인지 **결정 지었다**.

도움말 '어떤 일이 결정되도록 만들다.' 라는 뜻을 가진 한 낱말입니다.

관용어 □ 안에 낱말을 넣어서 그림 속 상황과 어울리는 속담이나 격언 등을 만들어 보세요.

(둘이 늘 붙어 다니는구나.)
(크게 싸우고 화해한 뒤로 더 친해졌어.)

□ 온 뒤에
□ 이 굳어진다

한자어 글의 의미에 맞게 □ 안에 들어갈 알맞은 사자성어를 **보기**에서 찾아 써 보세요.

외국으로 공부를 하러 간 지수와 영민이는 고향에 대한 □□□□ 의 그리움을 갖고 있다.

보기 • 살신성인(殺身成仁)   • 대동소이(大同小異)   • 동병상련(同病相憐)

가로·세로 낱말 만들기

 주어진 글자를 연결하여 ❿회에 공부한 낱말을 만들어 보세요.

			팔	방	기		
					상		

법	환	팔	상	레
색	트	오	기	방

★ 도전 시간 | **1분**
★ 만들 낱말 수 | **4개**
★ 만든 낱말 수 | 개

낱말은 쏙쏙! 생각은 쑥쑥!

낱말 영역 |
걸린 시간 | 분 초

 **그림으로 낱말 찾기**

지시선이 가리키는 그림을 보고 사물의 이름이나 행동, 상태 등에 해당하는 낱말을 보기 에서 찾아 □ 안에 쓰세요.

❶ 움직씨
❷ 이름씨
❸ 이름씨
❹ 이름씨
❺ 그림씨

보기 • 흥정 • 궤짝 • 간판 • 애걸복걸하다 • 얼얼하다 • 말귀 • 해소 • 울부짖다 • 제멋

낱말 뜻 알기

□ 안에는 어떤 낱말의 첫 글자가 쓰여 있습니다. 이 첫 글자를 참고하여 □에 알맞은 말을 넣어 낱말 풀이를 완성해 보세요.

❶ **제멋** : 제 스□□ 느끼고 생각하는 멋.
❷ **궤짝** : 물□ 을 넣도록 나무로 네□ 나게 만든 그릇.
❸ **울부짖다** : 감□ 이 격하여 마구 울□□ 큰 소리를 내다.
❹ **해소** : 어려운 일이나 문제가 되는 상태를 해□ 하여 없□ 버림.
❺ **말귀** : 말이 뜻하는 내용. 또는 남이 하는 말의 뜻을 잘 알□□□ 능력.

 **낱말 친구 사총사**

다음 밑줄 친 낱말의 뜻이 다른 셋과 같지 않은 것은 어느 것인지 번호를 고르세요.

 ① 떡볶이가 너무 매워서 혀가 **얼얼했어**.

 ② 돌부리를 걷어찼더니 발가락이 **얼얼한걸**.

 ③ 엉덩방아를 찧고 엉덩이가 **얼얼해서** 계속 문질렀어.

 ④ 아까 야구공에 맞은 데가 아직도 **얼얼해**.

 **연상되는 낱말 찾기**

다음은 세 낱말을 보고 공통으로 연상되는 낱말을 찾는 문제입니다. 세 낱말과 관련 있는 낱말을 써 보세요.

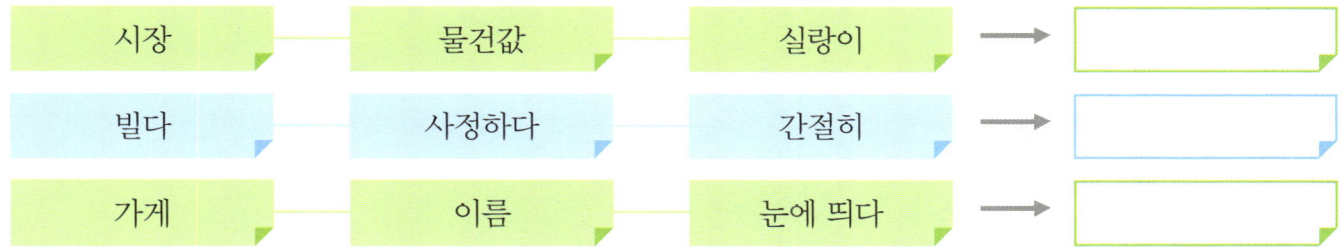

시장	물건값	실랑이	→	
빌다	사정하다	간절히	→	
가게	이름	눈에 띄다	→	

 **짧은 글짓기**

주어진 낱말을 이용하여 보기 와 같은 형식으로 짧은 글을 지어 보세요.

> **보기** 누가 + 어디에서 + 무엇을 + 어떻게 했다

말귀	
울부짖다	
해소	

낱말 쌈 싸 먹기

알쏭달쏭 헷갈리는 맞춤법, 띄어쓰기, 관용어, 한자어가 이제 한입에 쏙!
하루에 한 쪽씩 맛있게 냠냠 해치우자!

맞춤법 다음 문장에서 ( ) 안의 낱말 중 맞춤법이 맞는 낱말에 ○표 하세요.

수영이는 머리를 찰랑거리며 (사쁜사쁜, 사뿐사뿐) 걸어갔다.

띄어쓰기 주어진 두 문장 중 하나에는 띄어쓰기가 틀린 부분이 있습니다. 둘 중 바르게 띄어쓰기를 한 문장을 찾아서 ○표 하세요.

가 나는 **한끼**만 굶어도 견디기가 힘들어.

나 나는 **한 끼**만 굶어도 견디기가 힘들어.

도움말 '끼'는 수량을 나타내는 단위입니다.

관용어 □ 안에 낱말을 넣어서 그림 속 상황과 어울리는 속담이나 격언 등을 만들어 보세요.

하나만 알고
□ 은 모른다

한자어 글의 의미에 맞게 □ 안에 들어갈 알맞은 한자어를 **보기** 에서 찾아 써 보세요.

세계 □□ 에서 모인 대표들은 인류의 □□ (을)를 위해 힘을 합치기로 결의하였다.

보기 · 中國 · 各國 · 平素 · 平和

가로·세로 낱말 만들기

 주어진 글자를 연결하여 **11** 회에 공부한 낱말을 만들어 보세요.

				정		
				제		
		귀	소			

멋	궤	소	귀	정
말	해	흥	제	짝

★ 도전 시간 | 1분
★ 만들 낱말 수 | 5개
★ 만든 낱말 수 | 개

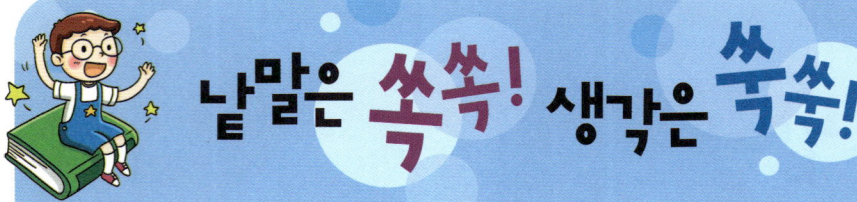

 **그림으로 낱말 찾기**

지시선이 가리키는 그림을 보고 사물의 이름이나 행동, 상태 등에 해당하는 낱말을 보기에서 찾아 □ 안에 쓰세요.

보기 • 답사하다 • 초가집 • 병풍 • 호미 • 지게 • 의식주 • 잇다 • 고르다 • 싸다

낱말 뜻 알기

□ 안에는 어떤 낱말의 첫 글자가 쓰여 있습니다. 이 첫 글자를 참고하여 □에 알맞은 말을 넣어 낱말 풀이를 완성해 보세요.

❶ **답사하다** : 현장에 가서 직접 보☐ 조☐ 하다.
❷ **지게** : 짐을 얹어 사람이 등에 지는 우☐☐☐ 고유의 운☐ 기구.
❸ **병풍** : 바☐ 을 막거나 무엇을 가리거나 또는 장식용으로 방 안에 치☐ 물건.
❹ **의식주** : 옷과 음☐ 과 집을 통틀어 이르는 말. 인간 생☐ 의 세 가지 기본 요소이다.
❺ **고르다** : 울퉁불퉁한 것을 평☐ 하게 하거나 들쭉날쭉한 것을 가☐☐ 하게 하다.

 다음 밑줄 친 낱말의 뜻이 다른 셋과 같지 않은 것은 어느 것인지 번호를 고르세요.

 ① 동생이 하는 소리가 하도 어이없어서 말을 **잇지** 못했어.

 ② 옛날 물건의 좋은 점을 **이어서** 오늘날 개발된 것들이 많아.

 ③ 길이 밀려서 도로에 차들이 꼬리를 **잇고** 서 있었어.

 ④ 우리 아빠는 한의원을 하면서 가업을 **잇고** 계셔.

 다음은 세 낱말을 보고 공통으로 연상되는 낱말을 찾는 문제입니다. 세 낱말과 관련 있는 낱말을 써 보세요.

 주어진 낱말을 이용하여 보기 와 같은 형식으로 짧은 글을 지어 보세요.

보기 언제 + 누가 + 무엇을 + 어떻게 했다

답사하다	
지게	
고르다	

낱말 쌈 싸 먹기

알쏭달쏭 헷갈리는 맞춤법, 띄어쓰기, 관용어, 한자어가 이제 한입에 쏙!
하루에 한 쪽씩 맛있게 냠냠 해치우자!

맞춤법
다음 문장에서 맞춤법이 틀린 낱말을 찾아 바르게 고쳐 써 보세요.

따가운 햇살에 눈쌀을 찌푸렸다.   (   ) → (   )

띄어쓰기
주어진 두 문장 중 하나에는 띄어쓰기가 틀린 부분이 있습니다. 둘 중 바르게 띄어쓰기를 한 문장을 찾아서 ○표 하세요.

㉮ 우리는 시골에 가서 **농사 일**을 도왔다.   ㉯ 우리는 시골에 가서 **농사일**을 도왔다.

도움말: '농사짓는 일'을 뜻하는 하나의 낱말입니다.

관용어
□ 안에 낱말을 넣어서 그림 속 상황과 어울리는 속담이나 격언 등을 만들어 보세요.

□□가 노랗다

한자어
글의 의미에 맞게 □ 안에 들어갈 알맞은 사자성어를 보기에서 찾아 써 보세요.

집안 형편이 어려웠던 엄마는 낮에는 직장에 다니면서 □□□□(으)로 공부하셨다고 한다.

보기 • 일취월장(日就月將)   • 주경야독(晝耕夜讀)   • 일심동체(一心同體)

가로·세로 낱말 만들기

13

 주어진 글자를 연결하여 12 회에 공부한 낱말을 만들어 보세요.

		초	식	사			
				지			

식	계	초	주	답
집	사	의	지	가

★ 도전 시간 | 1분

★ 만들 낱말 수 | 4개

★ 만든 낱말 수 | 개

낱말은 쏙쏙! 생각은 쑥쑥!

낱말 영역 |
걸린 시간 | 분 초

 **그림으로 낱말 찾기**

지시선이 가리키는 그림을 보고 사물의 이름이나 행동, 상태 등에 해당하는 낱말을 보기 에서 찾아 □ 안에 쓰세요.

❶ 움직씨
❷ 이름씨
❸ 움직씨
❹ 이름씨
❺ 움직씨

보기 • 품다 • 배다 • 채집하다 • 더듬이 • 번데기 • 허물벗기 • 서식지 • 일생 • 성충

 **낱말 뜻 알기**

□ 안에는 어떤 낱말의 첫 글자가 쓰여 있습니다. 이 첫 글자를 참고하여 □에 알맞은 말을 넣어 낱말 풀이를 완성해 보세요.

❶ 배다 : 배 속에 아이나 새 [ ] 를 가지다.

❷ 일생 : 세상에 태 [ ] [ ] [ ] 죽을 때까지의 동안.

❸ 성충 : 다 자라서 생식 능력이 있는 곤 [ ].

❹ 채집하다 : 널 [ ] 돌아다니며 얻거나 캐거나 잡아서 모 [ ] [ ].

❺ 허물벗기 : 파충류, 곤충류 등이 자라면서 허 [ ] 이나 껍 [ ] 을 벗음.

 다음 밑줄 친 낱말의 뜻이 다른 셋과 같지 않은 것은 어느 것인지 번호를 고르세요.

 ① 암탉이 **품은** 알에서 병아리가 깼어.

 ② 나는 밤마다 곰 인형을 가슴에 **품고** 자.

 ③ 이모가 낳은 갓난아기를 엄마가 **품어** 보셨어.

 ④ 불만을 **품고만** 있지 말고 말을 해.

 다음은 세 낱말을 보고 공통으로 연상되는 낱말을 찾는 문제입니다. 세 낱말과 관련 있는 낱말을 써 보세요.

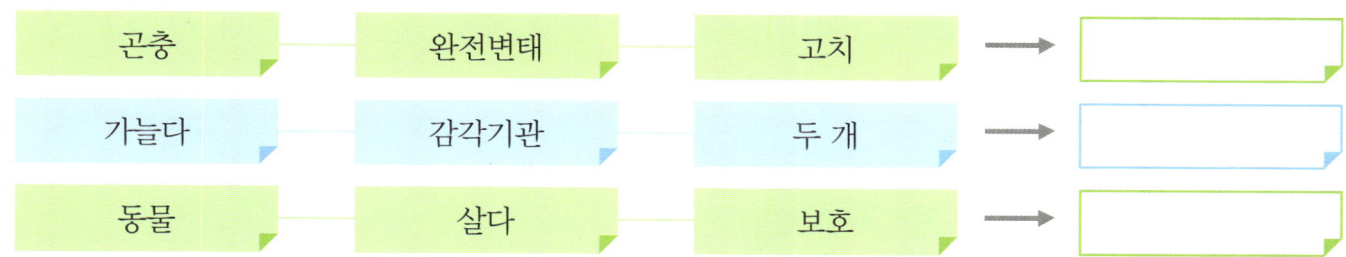

 주어진 낱말을 이용하여 보기 와 같은 형식으로 짧은 글을 지어 보세요.

보기 누가 + 어디에서 + 무엇을 + 어떻게 했다

채집하다

일생

배다

낱말 쌈 싸 먹기

알쏭달쏭 헷갈리는 맞춤법, 띄어쓰기, 관용어, 한자어가 이제 한입에 쏙!
하루에 한 쪽씩 맛있게 냠냠 해치우자!

맞춤법 다음 문장에서 ( ) 안의 낱말 중 맞춤법이 맞는 낱말에 ○표 하세요.

운동장에 (여닐곱, 예닐곱) 어린이가 모였다.

띄어쓰기 주어진 두 문장 중 하나에는 띄어쓰기가 틀린 부분이 있습니다. 둘 중 바르게 띄어쓰기를 한 문장을 찾아서 ○표 하세요.

㉠ 우리는 매월 **첫째 주** 토요일에 등산을 가.   ㉡ 우리는 매월 **첫째주** 토요일에 등산을 가.

도움말 '첫째'는 '순서가 가장 먼저인 차례'를 뜻하는 말로 뒷말을 꾸며 줍니다.

관용어 □ 안에 낱말을 넣어서 그림 속 상황과 어울리는 속담이나 격언 등을 만들어 보세요.

□□에 배부르랴

한자어 글의 의미에 맞게 □ 안에 들어갈 알맞은 한자어를 보기에서 찾아 써 보세요.

시상식에서 우리나라의 □□인 태극기가 올라가고 장내에 □□□가 울려 퍼졌다.

보기   • 國旗   • 國家   • 愛國歌   • 流行歌

가로·세로 낱말 만들기

14

공부를 시작하기 전에 가볍게 머리를 풀어 보아요!

 주어진 글자를 연결하여 **13**회에 공부한 낱말을 만들어 보세요.

		성					
		물		기	품		

벗	다	번	물	충
데	허	성	품	기

★ 도전 시간 | **1분**
★ 만들 낱말 수 | **4개**
★ 만든 낱말 수 | 개

낱말은 쏙쏙! 생각은 쑥쑥!

낱말 영역	
걸린 시간	분 초

 **그림으로 낱말 찾기**

지시선이 가리키는 그림을 보고 사물의 이름이나 행동, 상태 등에 해당하는 낱말을 보기 에서 찾아 □ 안에 쓰세요.

❶ 이름씨

❷ 움직씨

❸ 움직씨

❹ 그림씨

❺ 그림씨

보기 • 수목원 • 눌러쓰다 • 단정하다 • 곧다 • 괴다 • 외모 • 어수선하다 • 예절 • 습관

낱말 뜻 알기

□ 안에는 어떤 낱말의 첫 글자가 쓰여 있습니다. 이 첫 글자를 참고하여 □에 알맞은 말을 넣어 낱말 풀이를 완성해 보세요.

❶ **눌러쓰다** : 깊이 힘을 주어 │모│ │ 등을 쓰다.

❷ **곧다** : 굽거나 비뚤어지지 아니하고 │똑│ │ │ │.

❸ **예절** : 남을 대하거나 어떤 일을 할 때 갖추어야 할 바른 │태│ │ 와 │절│ │.

❹ **습관** : 어떤 행위를 │오│ │ 되풀이하는 과정에서 저절로 익혀진 │행│ │ 방식.

❺ **어수선하다** : 사물이 얽히고 │뒤│ │ │ 가지런하지 아니하고 마구 │헝│ │ │ │ 있다.

 다음 밑줄 친 낱말의 뜻이 다른 셋과 같지 <u>않은</u> 것은 어느 것인지 번호를 고르세요.

① 한참동안 턱을 **괴고** 책을 읽었더니 손목이 아파.

② 상이 기우뚱해서 아빠가 한쪽 상다리를 책으로 **괬어**.

③ 치킨 광고를 보니까 나도 모르게 입안에 침이 **괬어**.

④ 할아버지께서는 피곤하시면 목침을 **괴고** 누워 계셔.

 다음은 세 낱말을 보고 공통으로 연상되는 낱말을 찾는 문제입니다. 세 낱말과 관련 있는 낱말을 써 보세요.

꾸미다	거울	겉모습	→	
광릉	연구	나무	→	
옷차림	몸가짐	바르다	→	

 주어진 낱말을 이용하여 보기 와 같은 형식으로 짧은 글을 지어 보세요.

보기 누가 + 왜 + 무엇을 + 어떻게 했다

예절	
습관	
눌러쓰다	

낱말 쌈 싸 먹기

알쏭달쏭 헷갈리는 맞춤법, 띄어쓰기, 관용어, 한자어가 이제 한입에 쏙!
하루에 한 쪽씩 맛있게 냠냠 해치우자!

맞춤법 다음 문장에서 맞춤법이 틀린 낱말을 찾아 바르게 고쳐 써 보세요.

마을 한가운데에 아람드리 소나무가 있다.   (   ) → (   )

띄어쓰기 주어진 두 문장 중 하나에는 띄어쓰기가 틀린 부분이 있습니다. 둘 중 바르게 띄어쓰기를 한 문장을 찾아서 ○표 하세요.

㉮ 청바지를 빨았더니 길이가 **줄어들었어**.   ㉯ 청바지를 빨았더니 길이가 **줄어 들었어**.

도움말 '작아지거나 짧아지다.'는 뜻을 가진 한 낱말입니다.

관용어 □ 안에 낱말을 넣어서 그림 속 상황과 어울리는 속담이나 격언 등을 만들어 보세요.

옥에 □

한자어 글의 의미에 맞게 □ 안에 들어갈 알맞은 사자성어를 보기에서 찾아 써 보세요.

아빠는 □□□□ 이라면서, 더운 날일수록 운동을 해서 땀을 내야 한다고 하셨다.

보기 · 산전수전(山戰水戰)   · 이심전심(以心傳心)   · 이열치열(以熱治熱)

가로·세로 낱말 만들기

 주어진 글자를 연결하여 14회에 공부한 낱말을 만들어 보세요.

				괴	수	모	

다	원	러	목	괴
모	눌	외	쓰	수

★ 도전 시간 : **1분**
★ 만들 낱말 수 : **4개**
★ 만든 낱말 수 :   개

낱말은 쏙쏙! 생각은 쑥쑥!

낱말 영역	
걸린 시간	분 초

 **그림으로 낱말 찾기**

지시선이 가리키는 그림을 보고 사물의 이름이나 행동, 상태 등에 해당하는 낱말을 보기 에서 찾아 □ 안에 쓰세요.

❶ 이름씨
❷ 움직씨
❸ 이름씨
❹ 이름씨
❺ 움직씨

보기 • 이어달리기 • 배턴 • 전달하다 • 결승선 • 앞지르다 • 풀다 • 체력 • 맨손체조 • 무리하다

낱말 뜻 알기

□ 안에는 어떤 낱말의 첫 글자가 쓰여 있습니다. 이 첫 글자를 참고하여 □에 알맞은 말을 넣어 낱말 풀이를 완성해 보세요.

❶ **배턴** : 릴레이 경기에서, 앞 주자가 다□ 주자에게 넘겨주는 막□□.

❷ **앞지르다** : 남보다 빨리 가서 앞을 차지하거나 어떤 동작을 먼□ 하다.

❸ **결승선** : 달리기 등에서, 결□을 판가름하는 장소에 가□로 치거나 그은 선.

❹ **전달하다** : 지시, 명령, 물□ 등을 다른 사람이나 기관에 전□□ 이르게 하다.

❺ **체력** : 육체적 활□을 할 수 있는 몸의 힘. 또는 질□이나 추위 등에 대한 몸의 저항 능력.

 다음 밑줄 친 낱말의 뜻이 다른 셋과 같지 않은 것은 어느 것인지 번호를 고르세요.

❶  달리기를 하기 전에 준비운동을 하면서 몸을 **풀었어**.

❷  시험 볼 때 긴장을 **풀어야** 제 실력이 발휘되는 것 같아.

❸  내가 이렇게 사과할 테니 이제 기분 좀 **풀어라**.

❹  엄마가 한 달 만에 컴퓨터 게임 금지를 **풀어** 주셨어.

 다음은 세 낱말을 보고 공통으로 연상되는 낱말을 찾는 문제입니다. 세 낱말과 관련 있는 낱말을 써 보세요.

구령	준비운동	체조	→	
체육대회	달리기	배턴	→	
지나치다	힘들다	탈	→	

 주어진 낱말을 이용하여 보기와 같은 형식으로 짧은 글을 지어 보세요.

보기 누가 + 언제 + 무엇을 + 어떻게 했다

체력	
전달하다	
이어달리기	

낱말 쌈 싸 먹기

알쏭달쏭 헛갈리는 맞춤법, 띄어쓰기, 관용어, 한자어가 이제 한입에 쏙!
하루에 한 쪽씩 맛있게 냠냠 해치우자!

맞춤법
다음 문장에서 ( ) 안의 낱말 중 맞춤법이 맞는 낱말에 ○표 하세요.

아버지의 흰머리를 (족집개, 족집게)로 뽑아 드렸다.

띄어쓰기
주어진 두 문장 중 하나에는 띄어쓰기가 틀린 부분이 있습니다. 둘 중 바르게 띄어쓰기를 한 문장을 찾아서 ○표 하세요.

㉮ 발소리가 안 나게 **가만가만** 다녀라.

㉯ 발소리가 안 나게 **가만 가만** 다녀라.

도움말 '움직임 따위가 드러나지 않도록 조용조용' 이라는 뜻을 가진 한 낱말입니다.

관용어
□ 안에 낱말을 넣어서 그림 속 상황과 어울리는 속담이나 격언 등을 만들어 보세요.

□□이 두껍다

한자어
글의 의미에 맞게 □ 안에 들어갈 알맞은 한자어를 **보기**에서 찾아 써 보세요.

우리나라 중국, 일본 등 □□에서 유명한 □□들을 찾아보자.

보기 ・西洋 ・東洋 ・公園 ・公主

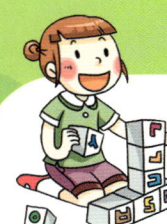

공부를 시작하기 전에 가볍게 머리를 풀어 보아요!

16

가로·세로 낱말 만들기

주어진 글자를 연결하여 15 회에 공부한 낱말을 만들어 보세요.

			선	지	배		

턴	르	결	지	선
다	승	풀	배	앞

★ 도전 시간 | 1분

★ 만들 낱말 수 | 4개

★ 만든 낱말 수 | 개

낱말은 쏙쏙! 생각은 쑥쑥!

낱말 영역	
걸린 시간	분　초

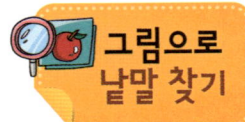 지시선이 가리키는 그림을 보고 사물의 이름이나 행동, 상태 등에 해당하는 낱말을 보기 에서 찾아 □ 안에 쓰세요.

❶ 그림씨
❷ 이름씨
❸ 이름씨
❹ 움직씨
❺ 움직씨

보기 • 울창하다　• 사냥　• 엿보다　• 손꼽다　• 산신령　• 야위다　• 섬기다　• 벌판

 □ 안에는 어떤 낱말의 첫 글자가 쓰여 있습니다. 이 첫 글자를 참고하여 □에 알맞은 말을 넣어 낱말 풀이를 완성해 보세요.

❶ 섬기다 : 윗□□ 을 잘 모시어 받들다.
❷ 야위다 : 몸의 살이 빠□ 조□ 파리하게 되다.
❸ 울창하다 : 나□ 가 빽빽하게 우거지고 푸□□ .
❹ 손꼽다 : 손□□ 을 하나씩 구부리며 수를 헤아리다.
❺ 엿보다 : 남이 보이지 않는 곳에 숨어서 남의 행□ 이나 형편을 몰□ 살펴보다.

 낱말 친구 사총사

다음 밑줄 친 낱말의 뜻이 다른 셋과 같지 않은 것은 어느 것인지 번호를 고르세요.

①  내 동생은 간단한 계산도 **손꼽으며** 해야 돼.

②  **손꼽아** 기다리던 생일이 드디어 내일이야!

③  올해 할아버지의 연세가 몇인지 **손꼽아** 세어 봤어.

④  달리기라면 내가 우리 학교에서 **손꼽을** 만큼 빠르지.

 연상되는 낱말 찾기

다음은 세 낱말을 보고 공통으로 연상되는 낱말을 찾는 문제입니다. 세 낱말과 관련 있는 낱말을 써 보세요.

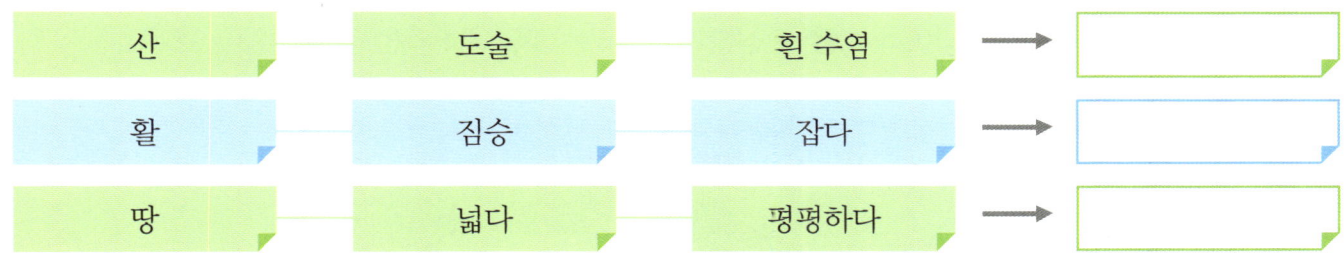

산	도술	흰 수염	→	
활	짐승	잡다	→	
땅	넓다	평평하다	→	

 짧은 글짓기

주어진 낱말을 이용하여 보기 와 같은 형식으로 짧은 글을 지어 보세요.

보기   누가 + 왜 + 무엇을 + 어떻게 했다

야위다	
섬기다	
벌판	

낱말 쌈 싸 먹기

알쏭달쏭 헷갈리는 맞춤법, 띄어쓰기, 관용어, 한자어가 이제 한입에 쏙!
하루에 한 쪽씩 맛있게 냠냠 해치우자!

맞춤법
다음 문장에서 맞춤법이 틀린 낱말을 찾아 바르게 고쳐 써 보세요.

혜정이가 전학을 가자 진희는 외토리가 된 기분이었다.　　(　　　　) → (　　　　)

띄어쓰기
주어진 두 문장 중 하나에는 띄어쓰기가 틀린 부분이 있습니다. 둘 중 바르게 띄어쓰기를 한 문장을 찾아서 ○표 하세요.

㉮ 밥은 겨우 **세 술**을 뜨고 물만 들이켰다.　　　　**㉯** 밥은 겨우 **세술**을 뜨고 물만 들이켰다.

도움말 '술'은 수량을 나타내는 단위입니다.

관용어
□ 안에 낱말을 넣어서 그림 속 상황과 어울리는 속담이나 격언 등을 만들어 보세요.

□□□에도 볕 들 날 있다

한자어
글의 의미에 맞게 □ 안에 들어갈 알맞은 사자성어를 보기에서 찾아 써 보세요.

우리가 돕겠다고 하자, 선생님께서는 □□□□(을)를 얻은 것 같다면서 기뻐하셨다.

보기　• 천군만마(千軍萬馬)　　• 유유상종(類類相從)　　• 백발백중(百發百中)

가로·세로 낱말 만들기

 주어진 글자를 연결하여 **16**회에 공부한 낱말을 만들어 보세요.

			위	산			
				사			

냥	야	보	령	위
다	신	사	엿	산

★ 도전 시간 : **1분**

★ 만들 낱말 수 : **4개**

★ 만든 낱말 수 :   개

 # 낱말은 쏙쏙! 생각은 쑥쑥!

| 낱말 영역 | |
| 걸린 시간 | 분   초 |

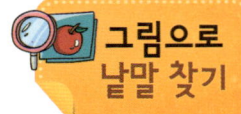 **그림으로 낱말 찾기**

지시선이 가리키는 그림을 보고 사물의 이름이나 행동, 상태 등에 해당하는 낱말을 보기 에서 찾아 □ 안에 쓰세요.

❶ 이름씨
❷ 움직씨
❸ 이름씨
❹ 이름씨
❺ 움직씨

보기 • 도구 • 가마솥 • 갈다 • 화로 • 식히다 • 유적 • 기리다 • 보관하다

 **낱말 뜻 알기**

□ 안에는 어떤 낱말의 첫 글자가 쓰여 있습니다. 이 첫 글자를 참고하여 □에 알맞은 말을 넣어 낱말 풀이를 완성해 보세요.

❶ **식히다** : 더□ 기를 없어지게 하다.

❷ **보관하다** : 물□ 을 맡아서 간□ 하고 관리하다.

❸ **도구** : 일을 할 때 쓰는 연□ 을 통틀어 이르는 말.

❹ **화로** : 옛날에 방을 따□ 하게 하려고 더운 재와 숯□ 을 담아 놓던 그릇.

❺ **기리다** : 훌□ 일이나 정신, 사□ 을 우러르거나 우러르는 마음으로 생각하다.

 다음 밑줄 친 낱말의 뜻이 다른 셋과 같지 않은 것은 어느 것인지 번호를 고르세요.

❶  엄마가 콩을 **갈아서** 콩국수를 해 주셨어.

❷  시계의 건전지가 다 닳아서 새 것으로 **갈았어**.

❸  맷돌은 옛날에 곡식을 **갈** 때 사용했던 도구야.

❹  아침마다 아빠는 채소를 **갈아** 주스를 만들어 드셔.

 다음은 세 낱말을 보고 공통으로 연상되는 낱말을 찾는 문제입니다. 세 낱말과 관련 있는 낱말을 써 보세요.

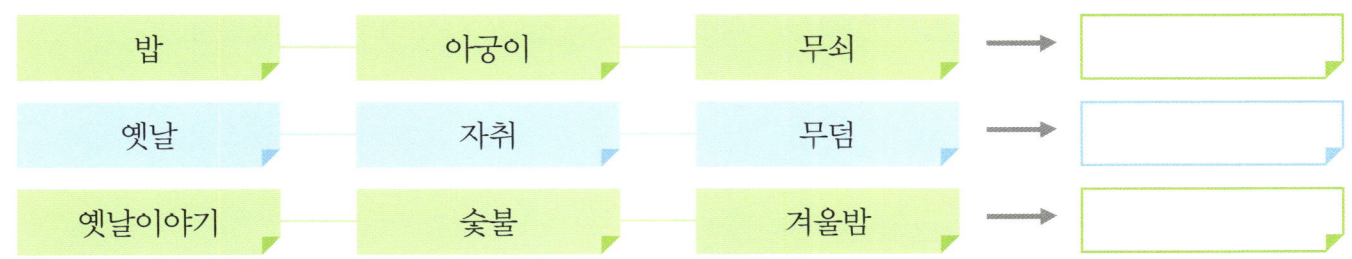

밥	아궁이	무쇠	→	
옛날	자취	무덤	→	
옛날이야기	숯불	겨울밤	→	

 주어진 낱말을 이용하여 보기와 같은 형식으로 짧은 글을 지어 보세요.

보기 누가 + 어디에서 + 무엇을 + 어떻게 했다

기리다	
유적	
보관하다	

낱말 쌈 싸 먹기

알쏭달쏭 헷갈리는 맞춤법, 띄어쓰기, 관용어, 한자어가 이제 한입에 쏙!
하루에 한 쪽씩 맛있게 냠냠 해치우자!

맞춤법 다음 문장에서 ( ) 안의 낱말 중 맞춤법이 맞는 낱말에 ○표 하세요.

> 걸을 때 어깨를 (움추리지, 움츠리지) 말고 똑바로 펴고 걸어라.

띄어쓰기 주어진 두 문장 중 하나에는 띄어쓰기가 틀린 부분이 있습니다. 둘 중 바르게 띄어쓰기를 한 문장을 찾아서 ○표 하세요.

가 엄마도 **처녀적**에는 아주 날씬했어.

나 엄마도 **처녀 적**에는 아주 날씬했어.

도움말 '적'은 '지나간 어떤 때'를 나타내는 하나의 낱말입니다.

관용어 □ 안에 낱말을 넣어서 그림 속 상황과 어울리는 속담이나 격언 등을 만들어 보세요.

약방에 □□

한자어 글의 의미에 맞게 □ 안에 들어갈 알맞은 한자어를 보기 에서 찾아 써 보세요.

그 형제는 □□에 □□한 쌍둥이이다.

보기 • 同時   • 每時   • 出生   • 出口

가로·세로 낱말 만들기

18

 주어진 글자를 연결하여 **17**회에 공부한 낱말을 만들어 보세요.

				화	식			
			기					
			마					

다	마	히	리	로
솥	기	화	가	식

★ 도전 시간 | **1분**
★ 만들 낱말 수 | **4개**
★ 만든 낱말 수 | 개

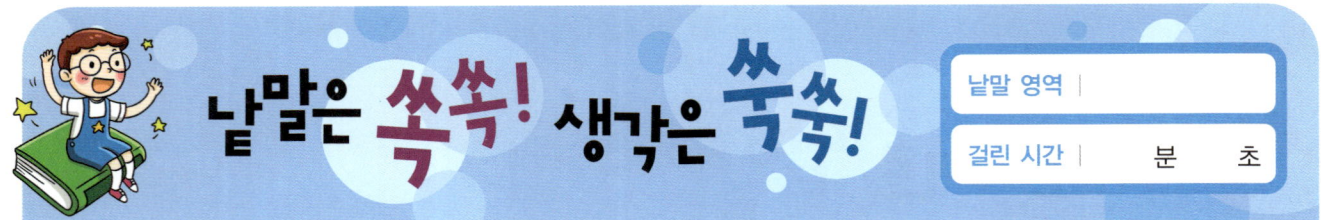

 지시선이 가리키는 그림을 보고 사물의 이름이나 행동, 상태 등에 해당하는 낱말을 보기 에서 찾아 □ 안에 쓰세요.

보기 · 조각 · 긋다 · 직사각형 · 직각삼각형 · 겹치다 · 정사각형 · 활용하다 · 돌리다 · 경계선

낱말 뜻 알기 □ 안에는 어떤 낱말의 첫 글자가 쓰여 있습니다. 이 첫 글자를 참고하여 □에 알맞은 말을 넣어 낱말 풀이를 완성해 보세요.

❶ **활용하다** : 충분히 잘 이□ 하다.

❷ **경계선** : 나눠진 두 곳이 서로 만□□ 선.

❸ **돌리다** : 무엇을 중□ 으로 하여 원을 그리며 움□□□ 하다.

❹ **조각** : 한 물건에서 따로 떼□ 내거나 떨어져 나온 작□ 부분.

❺ **정사각형** : 네 각이 모두 직□ 이고 네 변의 길□ 가 모두 같은 사각형.

 **낱말 친구 사총사**

다음 밑줄 친 낱말의 뜻이 다른 셋과 같지 않은 것은 어느 것인지 번호를 고르세요.

 ① 나는 평면도형을 **돌렸을** 때 생기는 모양을 잘 모르겠어.

 ② 퍼즐 조각을 이리저리 **돌리면서** 모양을 맞추었어.

 ③ 우리집은 이사 온 날 이웃들에게 떡을 **돌렸어**.

 ④ 지구가 자전을 하는 것처럼 천천히 지구본을 **돌려** 보았어.

 **연상되는 낱말 찾기**

다음은 세 낱말을 보고 공통으로 연상되는 낱말을 찾는 문제입니다. 세 낱말과 관련 있는 낱말을 써 보세요.

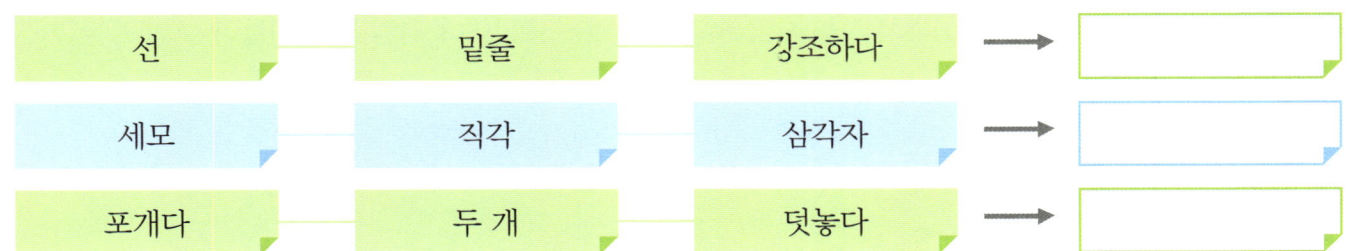

선	밑줄	강조하다	→	
세모	직각	삼각자	→	
포개다	두 개	덧놓다	→	

 **짧은 글짓기**

주어진 낱말을 이용하여 보기 와 같은 형식으로 짧은 글을 지어 보세요.

보기 언제 + 누가 + 무엇을 + 어떻게 했다

정사각형	
활용하다	
경계선	

낱말 쌈 싸 먹기

알쏭달쏭 헷갈리는 맞춤법, 띄어쓰기, 관용어, 한자어가 이제 한입에 쏙!
하루에 한 쪽씩 맛있게 냠냠 해치우자!

맞춤법 다음 문장에서 맞춤법이 틀린 낱말을 찾아 바르게 고쳐 써 보세요.

형은 나에게 큰 소리로 어름장을 놓았다. ( ) → ( )

띄어쓰기 주어진 두 문장 중 하나에는 띄어쓰기가 틀린 부분이 있습니다. 둘 중 바르게 띄어쓰기를 한 문장을 찾아서 ○표 하세요.

㉮ **두어 달**만 지나면 괜찮아질 거야.
㉯ **두어달**만 지나면 괜찮아질 거야.

도움말 '두어'는 '그 수량이 둘쯤'임을 나타내는 말로 뒤의 낱말을 꾸며주는 낱말입니다.

관용어 □ 안에 낱말을 넣어서 그림 속 상황과 어울리는 속담이나 격언 등을 만들어 보세요.

와! 도시엔 빌딩이 무지 많구먼유.

□을 이루다

한자어 글의 의미에 맞게 □ 안에 들어갈 알맞은 사자성어를 보기에서 찾아 써 보세요.

그는 큰돈을 벌게 해 주겠다는 사기꾼의 □□□□에 속아, 가진 재산을 모두 뺏기고 말았다.

보기 • 동문서답(東問西答) • 감언이설(甘言利說) • 선견지명(先見之明)

공부를 시작하기 전에 가볍게 머리를 풀어 보아요!

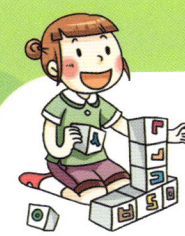

가로·세로 낱말 만들기

19

주어진 글자를 연결하여 18회에 공부한 낱말을 만들어 보세요.

					다		
		조	경		선		

계	각	선	조	겹
긋	치	활	경	다

★ 도전 시간 | 1분

★ 만들 낱말 수 | 4개

★ 만든 낱말 수 | 개

낱말은 쏙쏙! 생각은 쑥쑥!

낱말 영역	
걸린 시간	분 초

 **그림으로 낱말 찾기**

지시선이 가리키는 그림을 보고 사물의 이름이나 행동, 상태 등에 해당하는 낱말을 **보기** 에서 찾아 □ 안에 쓰세요.

❶ 이름씨
❷ 그림씨
❸ 이름씨
❹ 움직씨
❺ 움직씨

보기 • 화목하다 • 효도 • 고함 • 어지르다 • 대들다 • 우애 • 가족회의 • 격려하다 • 챙기다

낱말 뜻 알기

□ 안에는 어떤 낱말의 첫 글자가 쓰여 있습니다. 이 첫 글자를 참고하여 □에 알맞은 말을 넣어 낱말 풀이를 완성해 보세요.

❶ **고함** : 크[ ] 부르짖거나 외치는 소[ ].
❷ **격려하다** : 용[ ]나 의욕이 솟아나도록 북[ ][ ] 하다.
❸ **대들다** : 요구하거나 반[ ] 하느라고 맞[ ][ ] 달려들다.
❹ **화목하다** : 가[ ]이나 이웃이 서로 뜻이 맞고 정[ ][ ].
❺ **어지르다** : 정[ ] 되어 있는 것을 마구 늘[ ][ ][ ] 어지럽게 하다.

다음 밑줄 친 낱말의 뜻이 다른 셋과 같지 않은 것은 어느 것인지 번호를 고르세요.

❶  엄마는 나보다 형을 더 **챙기는** 것 같아 속상해.

❷  단짝 친구 민경이는 날 정말 잘 **챙겨** 줘.

❸  나보고 만날 동생을 **챙기라고** 해서 힘들어.

❹  자기 전에 책가방 **챙기는** 것을 깜박 잊었어.

다음은 세 낱말을 보고 공통으로 연상되는 낱말을 찾는 문제입니다. 세 낱말과 관련 있는 낱말을 써 보세요.

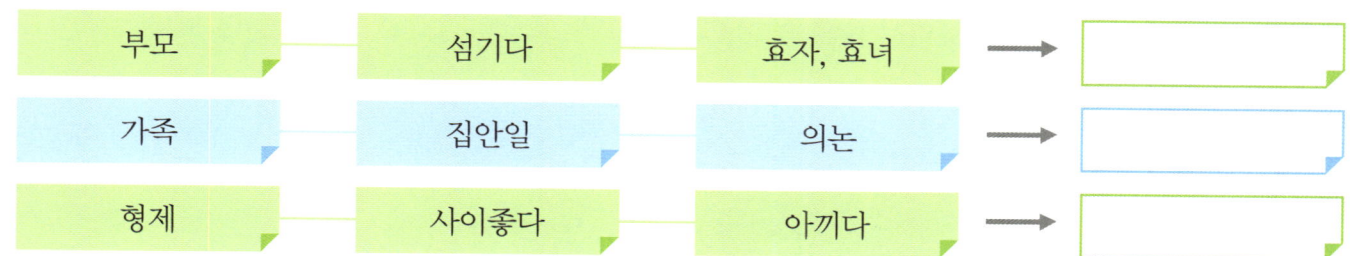

주어진 낱말을 이용하여 보기 와 같은 형식으로 짧은 글을 지어 보세요.

보기 누가 + 왜 + 무엇을 + 어떻게 했다

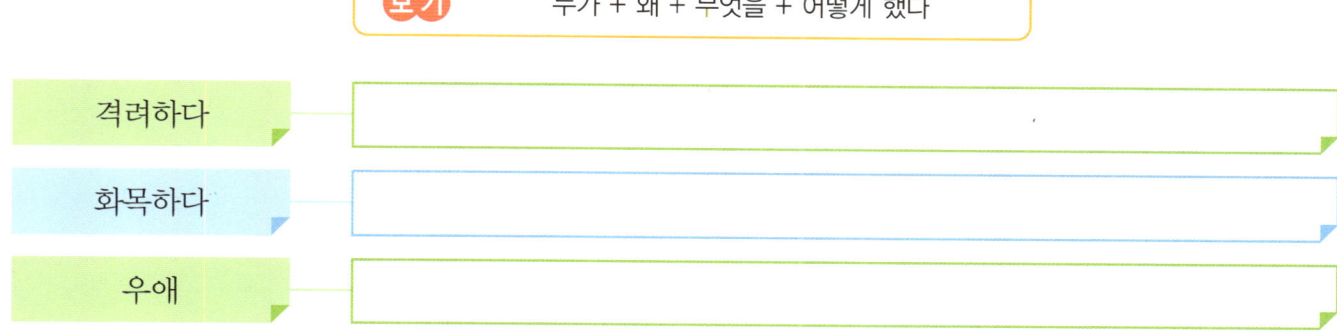

낱말 쌈 싸 먹기

알쏭달쏭 헷갈리는 맞춤법, 띄어쓰기, 관용어, 한자어가 이제 한입에 쏙!
하루에 한 쪽씩 맛있게 냠냠 해치우자!

맞춤법 다음 문장에서 ( ) 안의 낱말 중 맞춤법이 맞는 낱말에 ○표 하세요.

연못 위에 떠 있는 수련 (잎파리, 이파리) 위로 개구리가 폴짝 뛰어 올라갔다.

띄어쓰기 주어진 두 문장 중 하나에는 띄어쓰기가 틀린 부분이 있습니다. 둘 중 바르게 띄어쓰기를 한 문장을 찾아서 ○표 하세요.

㉮ 친구와 한 약속을 깜박 **잊어 버렸습니다.**

㉯ 친구와 한 약속을 **잊어버렸습니다.**

도움말 '기억해야 할 것을 한순간 생각해 내지 못하다.' 라는 뜻을 가진 한 낱말입니다.

관용어 □ 안에 낱말을 넣어서 그림 속 상황과 어울리는 속담이나 격언 등을 만들어 보세요.

잘되면 □ 탓
못되면 □□ 탓

한자어 글의 의미에 맞게 □ 안에 들어갈 알맞은 한자어를 보기에서 찾아 써 보세요.

어린아이의 마음, 즉 □□ 의 세계를 잘 표현한 그 시는 □□ 있고 발랄한 느낌을 준다.

보기 • 童子 • 童心 • 生氣 • 空氣

가로·세로 낱말 만들기

20

 주어진 글자를 연결하여 **19**회에 공부한 낱말을 만들어 보세요.

			고	대			
			기				
			우				

애	함	다	대	격
들	챙	우	고	기

★ 도전 시간 | **1분**
★ 만들 낱말 수 | **4개**
★ 만든 낱말 수 | 개

낱말은 쏙쏙! 생각은 쑥쑥!

낱말 영역 |
걸린 시간 | 분 초

그림으로 낱말 찾기

지시선이 가리키는 그림을 보고 사물의 이름이나 행동, 상태 등에 해당하는 낱말을 보기 에서 찾아 □ 안에 쓰세요.

❶ 이름씨
❷ 이름씨
❸ 이름씨
❹ 움직씨
❺ 그림씨

보기 • 풍물놀이 • 징 • 채편 • 치다 • 흥겹다 • 기웃거리다 • 리듬악기 • 주법 • 스타카토

낱말 뜻 알기

□ 안에는 어떤 낱말의 첫 글자가 쓰여 있습니다. 이 첫 글자를 참고하여 □에 알맞은 말을 넣어 낱말 풀이를 완성해 보세요.

❶ **주법** : 악기를 연주하는 방□.
❷ **채편** : 장□ 나 북에서, 채로 치는 오□□ 얇은 가죽면.
❸ **리듬악기** : 리□ 에 대한 감각이나 능□ 을 기르기 위하여 쓰는 악기.
❹ **기웃거리다** : 무엇을 보려고 고□ 나 몸 등을 이□□□ 으로 자꾸 기울이다.
❺ **스타카토** : 악□ 에서, 한 음 한 음씩 또렷하게 끊는 듯이 연□ 하라는 말. 기호는 음표 위에 '丶'을 찍는다.

 **낱말 친구 사총사**

다음 밑줄 친 낱말 중 다른 셋을 포함하는 큰 말에 해당하는 낱말을 고르세요.

❶  노래방에서 아빠가 노래를 부를 때 나는 **탬버린**을 흔들었어.

❷  모두 함께 다양한 **리듬 악기**로 즐겁게 합주했어.

❸  **트라이앵글**을 손으로 잡고 치니 둔탁한 소리가 났어.

❹  가족 음악회에서 막내 동생은 **캐스터네츠**를 쳤어.

 **연상되는 낱말 찾기**

다음은 세 낱말을 보고 공통으로 연상되는 낱말을 찾는 문제입니다. 세 낱말과 관련 있는 낱말을 써 보세요.

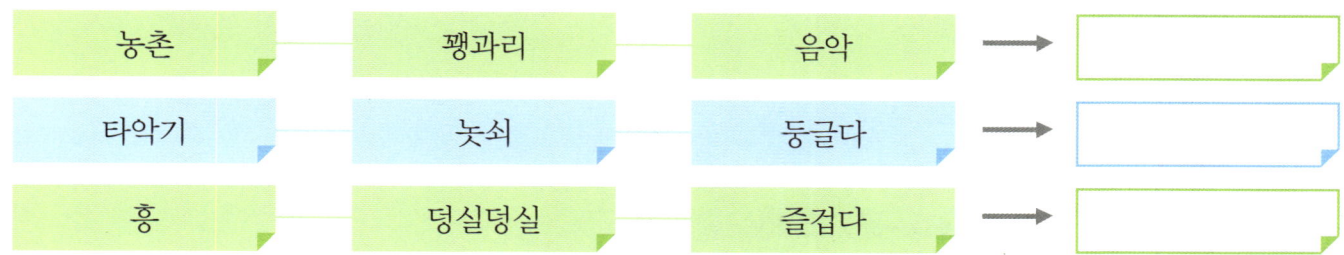

농촌	꽹과리	음악	→	
타악기	놋쇠	둥글다	→	
흥	덩실덩실	즐겁다	→	

 **짧은 글짓기**

주어진 낱말을 이용하여 보기 와 같은 형식으로 짧은 글을 지어 보세요.

보기   언제 + 누가 + 무엇을 + 어떻게 했다

주법	
기웃거리다	
치다	

낱말 쌈 싸 먹기

알쏭달쏭 헷갈리는 맞춤법, 띄어쓰기, 관용어, 한자어가 이제 한입에 쏙!
하루에 한 쪽씩 맛있게 냠냠 해치우자!

맞춤법
다음 문장에서 맞춤법이 틀린 낱말을 찾아 바르게 고쳐 써 보세요.

서희는 무슨 일에나 오지랍이 넓었다.　　(　　　) → (　　　)

띄어쓰기
주어진 두 문장 중 하나에는 띄어쓰기가 틀린 부분이 있습니다. 둘 중 바르게 띄어쓰기를 한 문장을 찾아서 ○표 하세요.

가 뭘 하다 왔기에 손이 이렇게 **차디 차니**?

나 뭘 하다 왔기에 손이 이렇게 **차디차니**?

도움말 '매우 차다.'라는 뜻을 가진 한 낱말입니다.

관용어
□ 안에 낱말을 넣어서 그림 속 상황과 어울리는 관용구나 속담을 만들어 보세요.

□□□ 날자
□ 떨어진다

한자어
글의 의미에 맞게 □ 안에 들어갈 알맞은 사자성어를 보기 에서 찾아 써 보세요.

아주머니는 □□□□(으)로 기른 외아들이 전쟁에서 죽었다는 소식에 정신을 잃고 말았다.

보기 • 결초보은(結草報恩)　• 일사천리(一瀉千里)　• 금지옥엽(金枝玉葉)

가로·세로 **낱말** 만들기

21

 주어진 글자를 연결하여 **20**회에 공부한 낱말을 만들어 보세요.

			편	리			
				기	치		

편	다	악	듬	치
기	리	겹	채	흥

★ 도전 시간 | **1분**
★ 만들 낱말 수 | **4개**
★ 만든 낱말 수 | 개

낱말은 쏙쏙! 생각은 쑥쑥!

낱말 영역	
걸린 시간	분 초

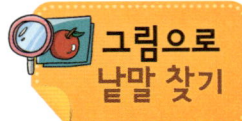

지시선이 가리키는 그림을 보고 사물의 이름이나 행동, 상태 등에 해당하는 낱말을 보기 에서 찾아 □ 안에 쓰세요.

❶ 그림씨
❷ 움직씨
❸ 이름씨
❹ 이름씨
❺ 움직씨

보기 • 무치다 • 다지다 • 반죽 • 꼬이다 • 조립 • 벌칙 • 고정 • 골리다 • 가리다

□ 안에는 어떤 낱말의 첫 글자가 쓰여 있습니다. 이 첫 글자를 참고하여 □에 알맞은 말을 넣어 낱말 풀이를 완성해 보세요.

❶ **고정** : 한□□에 꼭 붙어 있거나 붙어 있게 함.

❷ **조립** : 여러 가지 부□□으로 한 물건을 짜 맞춤.

❸ **골리다** : 상대편을 놀□어 약을 올□□거나 골이 나게 하다.

❹ **무치다** : 나물 등에 갖은 양□을 넣고 골고루 한데 뒤□□.

❺ **다지다** : 고기, 채소 양념감 등을 여러 번 칼□하여 잘□ 만들다.

 **낱말 친구 사총사**

다음 밑줄 친 낱말의 뜻이 다른 셋과 같지 않은 것은 어느 것인지 번호를 고르세요.

 ❶ 가위바위보를 해서 일등을 **가리자**.

 ❷ 축구 결승전에서 승부차기로 우승 팀을 **가렸어**.

 ❸ 엄마가 시장에서 신선한 생선을 **가리기** 위해 꼼꼼하게 살펴보셨어.

 ❹ 햇볕이 너무 따가워서 커튼으로 창문을 **가렸어**.

 **연상되는 낱말 찾기**

다음은 세 낱말을 보고 공통으로 연상되는 낱말을 찾는 문제입니다. 세 낱말과 관련 있는 낱말을 써 보세요.

줄	얽히다	풀다	→	
밀가루	주무르다	수제비	→	
규칙	벌	어기다	→	

 **짧은 글짓기**

주어진 낱말을 이용하여 보기 와 같은 형식으로 짧은 글을 지어 보세요.

보기   누가 + 어디에서 + 무엇을 + 어떻게 했다

골리다	
꼬이다	
고정	

낱말 쌈 싸 먹기

알쏭달쏭 헷갈리는 맞춤법, 띄어쓰기, 관용어, 한자어가 이제 한입에 쏙!
하루에 한 쪽씩 맛있게 냠냠 해치우자!

맞춤법
다음 문장에서 ( ) 안의 낱말 중 맞춤법이 맞는 낱말에 ○표 하세요.

어머니는 거짓말을 한 아이를 (욱박지렀다, 윽박지렀다).

띄어쓰기
주어진 두 문장 중 하나에는 띄어쓰기가 틀린 부분이 있습니다. 둘 중 바르게 띄어쓰기를 한 문장을 찾아서 ○표 하세요.

가 콩 한 되만 더 담아 주세요.

나 콩 한되만 더 담아 주세요.

도움말 '되'는 수량을 나타내는 단위입니다.

관용어
□ 안에 낱말을 넣어서 그림 속 상황과 어울리는 속담이나 격언 등을 만들어 보세요.

□ 밖에 나다

한자어
글의 의미에 맞게 □ 안에 들어갈 알맞은 한자어를 보기에서 찾아 써 보세요.

연회장에 엘리자베스 □□(이)가 □□하자, 사람들은 박수를 치며 환호하였다.

보기 · 女王 · 女人 · 登山 · 登場

가로·세로 낱말 만들기

22

 공부를 시작하기 전에 가볍게 머리를 풀어 보아요!

주어진 글자를 연결하여 **21**회에 공부한 낱말을 만들어 보세요.

		조	반				
			골				

치	반	다	벌	리
립	골	조	무	죽

★ 도전 시간 | 1분
★ 만들 낱말 수 | 4개
★ 만든 낱말 수 | 　 개

낱말은 쏙쏙! 생각은 쑥쑥!

낱말 영역 |
걸린 시간 | 분   초

지시선이 가리키는 그림을 보고 사물의 이름이나 행동, 상태 등에 해당하는 낱말을 보기 에서 찾아 □ 안에 쓰세요.

❶ 이름씨
❷ 이름씨
❸ 움직씨
❹ 이름씨
❺ 움직씨

보기 • 견학하다 • 전시되다 • 유물 • 도포 • 베틀 • 물려주다 • 기증하다 • 후손 • 짓다

□ 안에는 어떤 낱말의 첫 글자가 쓰여 있습니다. 이 첫 글자를 참고하여 □에 알맞은 말을 넣어 낱말 풀이를 완성해 보세요.

❶ **후손** : 자기 대에서 여러 대가 지난 뒤의 자□.
❷ **기증하다** : 선물이나 기□으로 남에게 물품을 거□ 주다.
❸ **물려주다** : 남한테 기□이나 자리, 물건 등을 전□□ 주다.
❹ **견학하다** : 실지로 보□ 그 일에 관한 구체적인 지□을 넓히다.
❺ **도포** : 옛날에 남□ 어른이 갖추어 입던 겉옷. 길이가 길고 소□가 넓다.

 **낱말 친구 사총사**

다음 밑줄 친 낱말의 뜻이 다른 셋과 같지 않은 것은 어느 것인지 번호를 고르세요.

① 조선시대에 양반들은 비단으로 옷을 **지어** 입었대.

② 엄마는 날마다 새벽에 일어나서 아침밥을 **짓고** 출근하셔.

③ 아빠는 결혼할 때 **지은** 양복을 아직까지 입고 다니셔.

④ 선생님이 무서운 표정을 **짓고** 계셔서 겁을 먹었어.

 **연상되는 낱말 찾기**

다음은 세 낱말을 보고 공통으로 연상되는 낱말을 찾는 문제입니다. 세 낱말과 관련 있는 낱말을 써 보세요.

옛사람	남기다	물건	→	
직녀	옷감	짜다	→	
박물관	작품	보다	→	

 **짧은 글짓기**

주어진 낱말을 이용하여 **보기**와 같은 형식으로 짧은 글을 지어 보세요.

보기   누가 + 무엇을 + 어떻게 했다

물려주다	
기증하다	
후손	

낱말 쌈 싸 먹기

알쏭달쏭 헷갈리는 맞춤법, 띄어쓰기, 관용어, 한자어가 이제 한입에 쏙!
하루에 한 쪽씩 맛있게 냠냠 해치우자!

맞춤법 다음 문장에서 맞춤법이 틀린 낱말을 찾아 바르게 고쳐 써 보세요.

누나는 아침 일찌기 밥을 먹고 학교에 갔다.   (   ) → (   )

띄어쓰기 주어진 두 문장 중 하나에는 띄어쓰기가 틀린 부분이 있습니다. 둘 중 바르게 띄어쓰기를 한 문장을 찾아서 ○표 하세요.

㉮ 우리 아들이 그런 일을 **할턱**이 없어.   ㉯ 우리 아들이 그런 일을 **할 턱**이 없어.

도움말 '턱'은 '마땅히 그리해야 할 까닭'을 뜻하는 낱말입니다.

관용어 □ 안에 낱말을 넣어서 그림 속 상황과 어울리는 속담이나 격언 등을 만들어 보세요.

□□□은 익을수록 고개를 숙인다

한자어 글의 의미에 맞게 □ 안에 들어갈 알맞은 사자성어를 보기 에서 찾아 써 보세요.

다른 사람을 이해하려면 □□□□의 자세로 생각해 보아야 한다.

보기
· 일구이언(一口二言)   · 역지사지(易地思之)   · 일편단심(一片丹心)

공부를 시작하기 전에 가볍게 머리를 풀어 보아요!

가로·세로 낱말 만들기

 주어진 글자를 연결하여 **22**회에 공부한 낱말을 만들어 보세요.

			포	학			
			기				
			틀				

증	틀	도	기	견
포	손	학	배	후

★ 도전 시간 | **1분**

★ 만들 낱말 수 | **5개**

★ 만든 낱말 수 | 개

 낱말은 쏙쏙! 생각은 쑥쑥!

낱말 영역	
걸린 시간	분 초

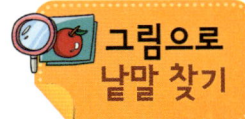 **그림으로 낱말 찾기**

지시선이 가리키는 그림을 보고 사물의 이름이나 행동, 상태 등에 해당하는 낱말을 보기 에서 찾아 □ 안에 쓰세요.

❶ 이름씨
❷ 움직씨
❸ 움직씨
❹ 이름씨
❺ 움직씨

보기 • 쌓다 • 관찰하다 • 배치하다 • 초상화 • 상상 • 판화 • 동세 • 바르다 • 자화상

 **낱말 뜻 알기**

□ 안에는 어떤 낱말의 첫 글자가 쓰여 있습니다. 이 첫 글자를 참고하여 □에 알맞은 말을 넣어 낱말 풀이를 완성해 보세요.

❶ **자화상** : 스스로 자기 얼□ 을 그린 그림.

❷ **동세** : 그림이나 조각에서 나타나는 운□□ .

❸ **배치하다** : 일정한 차례나 간□ 에 따라 벌여 놓다.

❹ **상상** : 실제로 경□ 하지 않은 현상이나 사물에 대하여 마□□ 으로 그려 봄.

❺ **판화** : 나□ , 쇠붙이, 돌 등으로 만든 판에 그림을 새□□ 색을 칠하여 종이나 천에 찍어 낸 그림.

 다음 밑줄 친 낱말의 뜻이 다른 셋과 같지 않은 것은 어느 것인지 번호를 고르세요.

 ① 아침 식사로 식빵에 버터를 **발라** 먹었어.

 ② 고무 판에 그림을 새기고 잉크를 **바른** 후, 종이에 찍어 보았어.

 ③ 호랑이는 나무에 참기름을 **바르고** 올라오다가 미끄러졌어.

 ④ 엄마는 늘 의자에 **바르게** 앉아서 공부하라고 잔소리하셔.

 다음은 세 낱말을 보고 공통으로 연상되는 낱말을 찾는 문제입니다. 세 낱말과 관련 있는 낱말을 써 보세요.

차곡차곡	벽돌	담	→	
모나리자	얼굴	그림	→	
살펴보다	기록문	자연물	→	

 주어진 낱말을 이용하여 보기 와 같은 형식으로 짧은 글을 지어 보세요.

보기 누가 + 어디에서 + 무엇을 + 어떻게 했다

상상	
판화	
자화상	

낱말 쌈 싸 먹기

알쏭달쏭 헷갈리는 맞춤법, 띄어쓰기, 관용어, 한자어가 이제 한입에 쏙!
하루에 한 쪽씩 맛있게 냠냠 해치우자!

맞춤법
다음 문장에서 ( ) 안의 낱말 중 맞춤법이 맞는 낱말에 ○표 하세요.

어른에게는 (존댓말, 존대말)을 써야 한다.

띄어쓰기
주어진 두 문장 중 하나에는 띄어쓰기가 틀린 부분이 있습니다. 둘 중 바르게 띄어쓰기를 한 문장을 찾아서 ○표 하세요.

㉮ 너는 **웬걱정**을 그렇게 많이 하니?

㉯ 너는 **웬 걱정**을 그렇게 많이 하니?

도움말 '웬'은 뒷말을 꾸며 주는 낱말입니다.

관용어
□ 안에 낱말을 넣어서 그림 속 상황과 어울리는 속담이나 격언 등을 만들어 보세요.

□□이 석 자라도 먹어야 □□

한자어
글의 의미에 맞게 □ 안에 들어갈 알맞은 한자어를 **보기**에서 찾아 써 보세요.

아빠는 친구분의 □□(이)가 어려운데도 도와줄 □□(이)가 되지 않아 속상해 하셨다.

보기 · 活氣   · 生活   · 形便   · 形態

가로·세로 낱말 만들기

24

 주어진 글자를 연결하여 **23** 회에 공부한 낱말을 만들어 보세요.

				배			
		판	세	관			

상	찰	판	배	동
세	자	치	관	화

★ 도전 시간 | 1분
★ 만들 낱말 수 | 5개
★ 만든 낱말 수 | 개

낱말은 쏙쏙! 생각은 쑥쑥!

낱말 영역	
걸린 시간	분　초

지시선이 가리키는 그림을 보고 사물의 이름이나 행동, 상태 등에 해당하는 낱말을 보기 에서 찾아 □ 안에 쓰세요.

❶ 움직씨
❷ 이름씨
❸ 이름씨
❹ 그림씨
❺ 이름씨

보기 · 단짝　· 내밀다　· 감동하다　· 맞장구　· 사과　· 충고　· 감싸다　· 서먹서먹하다　· 돈독하다

□ 안에는 어떤 낱말의 첫 글자가 쓰여 있습니다. 이 첫 글자를 참고하여 □에 알맞은 말을 넣어 낱말 풀이를 완성해 보세요.

❶ **돈독하다** : 매우 가[　]고 정이 깊다.

❷ **감동하다** : 크게 느끼어 마[　]이 움직이다.

❸ **맞장구** : 남의 말에 덩[　][　] 호응하거나 동의하는 일.

❹ **충고** : 남의 결함이나 잘[　]을 진심으로 타[　][　]. 또는 그런 말.

❺ **서먹서먹하다** : 낯이 설거나 친하지 아니하여 자꾸 어[　]하다.

 다음 밑줄 친 낱말의 뜻이 다른 셋과 같지 않은 것은 어느 것인지 번호를 고르세요.

 ❶ 할머니가 엄마 앞에서 내 잘못을 **감싸** 주셨어.

 ❷ 은결이는 친구의 안 좋은 점도 **감쌀** 때가 많아.

 ❸ 꾸중 들을 줄 알았는데, 선생님께서 내 실수를 **감싸** 주셨어.

 ❹ 보건 선생님께서 상처 입은 곳에 붕대를 **감싸** 주셨어.

 다음은 세 낱말을 보고 공통으로 연상되는 낱말을 찾는 문제입니다. 세 낱말과 관련 있는 낱말을 써 보세요.

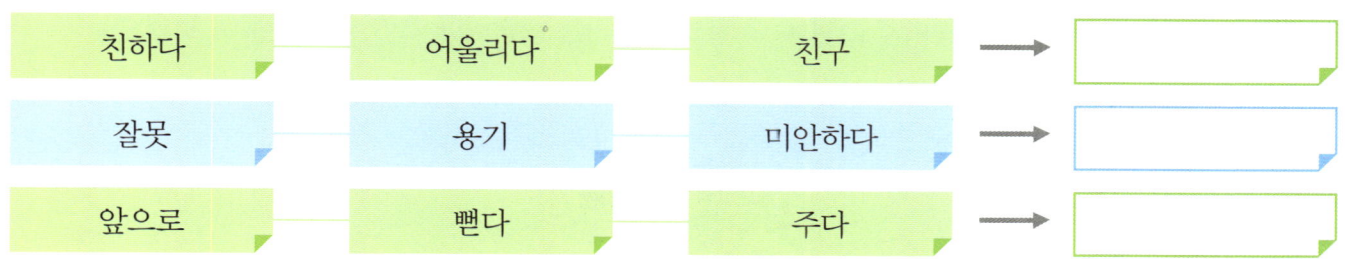

 주어진 낱말을 이용하여 보기 와 같은 형식으로 짧은 글을 지어 보세요.

보기 누가 + 왜 + 무엇을 + 어떻게 했다

충고	
서먹서먹하다	
돈독하다	

낱말 쌈 싸 먹기

알쏭달쏭 헛갈리는 맞춤법, 띄어쓰기, 관용어, 한자어가 이제 한입에 쏙!
하루에 한 쪽씩 맛있게 냠냠 해치우자!

맞춤법 다음 문장에서 맞춤법이 <u>틀린</u> 낱말을 찾아 바르게 고쳐 써 보세요.

농부가 소 등에 붙은 찐드기를 잡고 있다.   (   ) → (   )

띄어쓰기 주어진 두 문장 중 하나에는 띄어쓰기가 틀린 부분이 있습니다. 둘 중 바르게 띄어쓰기를 한 문장을 찾아서 ○표 하세요.

㉮ 네 옷에 벌레가 **달라 붙어** 있어.

㉯ 네 옷에 벌레가 **달라붙어** 있어.

도움말 '끈기 있게 찰싹 붙다.'라는 뜻을 가진 한 낱말입니다.

관용어 □ 안에 낱말을 넣어서 그림 속 상황과 어울리는 속담이나 격언 등을 만들어 보세요.

(재네는 계속 따로 노네.)

물 위의 □□

한자어 글의 의미에 맞게 □ 안에 들어갈 알맞은 사자성어를 **보기** 에서 찾아 써 보세요.

유비군은 이럴 수도 없고 저럴 수도 없는 □□□□ 의 상황에 빠지고 말았다.

보기 • 진퇴양난(進退兩難)   • 학수고대(鶴首苦待)   • 십중팔구(十中八九)

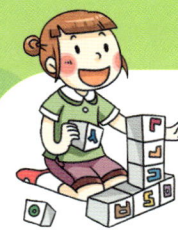

공부를 시작하기 전에 가볍게 머리를 풀어 보아요!

가로·세로 낱말 만들기

25

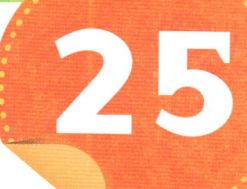

주어진 글자를 연결하여 24 회에 공부한 낱말을 만들어 보세요.

			다	단			
					구		
					충		

싸	맞	충	다	장
구	짝	감	단	고

★ 도전 시간 | 1분

★ 만들 낱말 수 | 4개

★ 만든 낱말 수 | 개

낱말은 쏙쏙! 생각은 쑥쑥!

낱말 영역	
걸린 시간	분 초

 **그림으로 낱말 찾기**

지시선이 가리키는 그림을 보고 사물의 이름이나 행동, 상태 등에 해당하는 낱말을 보기에서 찾아 □ 안에 쓰세요.

❶ 움직씨
❷ 움직씨
❸ 움직씨
❹ 움직씨
❺ 어찌씨

보기 • 낚아채다 • 허우적거리다 • 옥신각신 • 맞은편 • 축이다 • 태연하다 • 끌리다
 • 핑계 • 넌지시

 **낱말 뜻 알기**

□ 안에는 어떤 낱말의 첫 글자가 쓰여 있습니다. 이 첫 글자를 참고하여 □에 알맞은 말을 넣어 낱말 풀이를 완성해 보세요.

❶ **넌지시** : 드러나지 않게 가□□.

❷ **맞은편** : 서로 마□ 바라보이는 편.

❸ **옥신각신** : 서로 옳으니 그르니 하며 다□.

❹ **낚아채다** : 갑자기 힘을 주면서 세차게 잡□□□□.

❺ **태연하다** : 머뭇거리거나 두려워할 상황에서 태□나 얼굴빛이 아무렇지도 않은 듯이 예□□□.

 **낱말 친구 사총사**

다음 밑줄 친 낱말의 뜻이 다른 셋과 같지 않은 것은 어느 것인지 번호를 고르세요.

❶ 새로 산 바지가 길어서 바닥에 **끌려**.

❷ 땅에 **끌릴** 정도로 머리를 길게 기르고 싶어.

❸ 나는 왠지 축구보다는 야구에 더 **끌리더라**.

❹ 바퀴 달린 의자는 바퀴 **끌리는** 소리가 안 나서 좋아.

 **연상되는 낱말 찾기**

다음은 세 낱말을 보고 공통으로 연상되는 낱말을 찾는 문제입니다. 세 낱말과 관련 있는 낱말을 써 보세요.

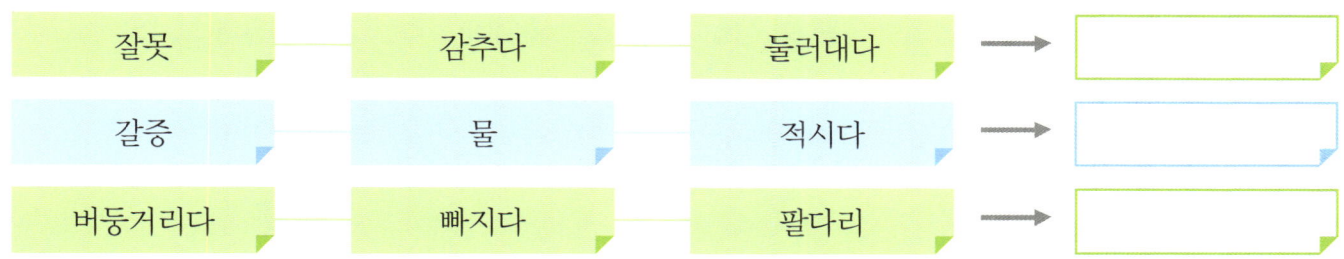

 **짧은 글짓기**

주어진 낱말을 이용하여 보기 와 같은 형식으로 짧은 글을 지어 보세요.

보기   언제 + 누가 + 무엇을 + 어떻게 했다

넌지시

태연하다

핑계

낱말 쌈 싸 먹기

알쏭달쏭 헷갈리는 맞춤법, 띄어쓰기, 관용어, 한자어가 이제 한입에 쏙!
하루에 한 쪽씩 맛있게 냠냠 해치우자!

맞춤법 다음 문장에서 ( ) 안의 낱말 중 맞춤법이 맞는 낱말에 ○표 하세요.

제비는 (짚푸라기, 지푸라기)와 흙으로 부지런히 둥지를 꾸몄다.

띄어쓰기 주어진 두 문장 중 하나에는 띄어쓰기가 틀린 부분이 있습니다. 둘 중 바르게 띄어쓰기를 한 문장을 찾아서 ○표 하세요.

가 그는 **거침없이** 자신의 생각을 말했다.

나 그는 **거침 없이** 자신의 생각을 말했다.

도움말 '중간에 걸리거나 막힘이 없이' 라는 뜻을 가진 한 낱말입니다.

관용어 □ 안에 낱말을 넣어서 그림 속 상황과 어울리는 속담이나 격언 등을 만들어 보세요.

□□은 스스로 돕는 자를 □□□

한자어 글의 의미에 맞게 □ 안에 들어갈 알맞은 한자어를 보기 에서 찾아 써 보세요.

분수 □□(을)를 풀 때는 분자와 □□(을)를 잘 구분해야 한다.

보기 · 問安 · 問題 · 分子 · 分母

가로·세로 낱말 만들기

26

 주어진 글자를 연결하여 **25**회에 공부한 낱말을 만들어 보세요.

			편			
			지		연	계

핑	연	은	태	시
편	지	계	닌	맞

★ 도전 시간 : 1분
★ 만들 낱말 수 : 4개
★ 만든 낱말 수 :   개

낱말은 쏙쏙! 생각은 쑥쑥!

낱말 영역	
걸린 시간	분 초

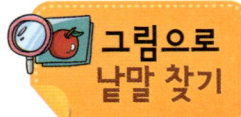 **그림으로 낱말 찾기**

지시선이 가리키는 그림을 보고 사물의 이름이나 행동, 상태 등에 해당하는 낱말을 **보기**에서 찾아 □ 안에 쓰세요.

❶ 이름씨
❷ 움직씨
❸ 이름씨
❹ 이름씨
❺ 이름씨

보기 • 비구름   • 궂다   • 백엽상   • 우량계   • 대비하다   • 일기예보   • 개다   • 기온   • 홍수

 **낱말 뜻 알기**

□ 안에는 어떤 낱말의 첫 글자가 쓰여 있습니다. 이 첫 글자를 참고하여 □에 알맞은 말을 넣어 낱말 풀이를 완성해 보세요.

❶ **궂다** : 비나 눈이 내려 [날] □ 가 [나] □ □ .
❷ **일기예보** : [날] □ 의 변화를 [예] □ 하여 미리 알리는 일.
❸ **대비하다** : [앞] □ □ 일어날지도 모르는 어떠한 일에 대응하기 위하여 미리 [준] □ 하다.
❹ **기온** : [공] □ 의 온도. 보통 지면으로부터 1.5미터 높이의 백엽상 속에 놓인 [온] □ □ 로 잰 온도를 이른다.
❺ **백엽상** : 기상 관측용 기구가 설비되어 있는, [조] □ □ 집 모양의 흰색 나무 상자.

 **낱말 친구 사총사**

다음 밑줄 친 낱말의 뜻이 다른 셋과 같지 않은 것은 어느 것인지 번호를 고르세요.

①  아침에는 비가 오더니, 낮에는 활짝 **갰어**.

②  오늘은 날씨가 활짝 **개서** 기분이 좋아.

③  날이 **개야** 밤하늘의 별을 볼 수 있을 텐데……

④  아침마다 이불 **개는** 일이 너무 귀찮아.

 **연상되는 낱말 찾기**

다음은 세 낱말을 보고 공통으로 연상되는 낱말을 찾는 문제입니다. 세 낱말과 관련 있는 낱말을 써 보세요.

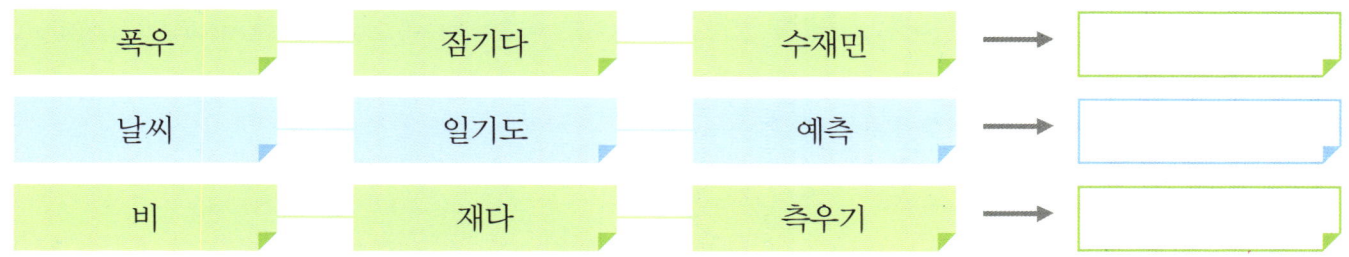

 **짧은 글짓기**

주어진 낱말을 이용하여 보기 와 같은 형식으로 짧은 글을 지어 보세요.

> **보기**   언제 + 누가 + 무엇을 + 어떻게 했다

- 대비하다
- 기온
- 비구름

낱말 쌈 싸 먹기

알쏭달쏭 헷갈리는 맞춤법, 띄어쓰기, 관용어, 한자어가 이제 한입에 쏙!
하루에 한 쪽씩 맛있게 냠냠 해치우자!

맞춤법
다음 문장에서 맞춤법이 틀린 낱말을 찾아 바르게 고쳐 써 보세요.

산머리에 눈썹 같은 초생달이 걸렸다.   ( ) → ( )

띄어쓰기
주어진 두 문장 중 하나에는 띄어쓰기가 틀린 부분이 있습니다. 둘 중 바르게 띄어쓰기를 한 문장을 찾아서 ○표 하세요.

㉮ 내가 가진 돈은 **이것 뿐이다.**

㉯ 내가 가진 돈은 **이것뿐이다.**

도움말 '뿐'은 '그것만이고 더는 없음'이라는 뜻을 앞말에 더해주는 낱말입니다.

관용어
□ 안에 낱말을 넣어서 그림 속 상황과 어울리는 속담이나 격언 등을 만들어 보세요.

□ 가 되고 □ 이 되다

한자어
글의 의미에 맞게 □ 안에 들어갈 알맞은 사자성어를 보기에서 찾아 써 보세요.

아들이 과거에 급제하여 □□□□ 하자, 부부는 기뻐하며 성대한 잔치를 열었다.

보기 • 노심초사(勞心焦思)　• 금상첨화(錦上添花)　• 금의환향(錦衣還鄕)

가로·세로 낱말 만들기

27

공부를 시작하기 전에 가볍게 머리를 풀어 보아요!

 주어진 글자를 연결하여 **26**회에 공부한 낱말을 만들어 보세요.

						우	상
						다	량

엽	량	필	굿	백
계	다	상	우	개

★ 도전 시간 | **1분**

★ 만들 낱말 수 | **4개**

★ 만든 낱말 수 | 개

낱말은 쏙쏙! 생각은 쑥쑥!

낱말 영역	
걸린 시간	분　초

지시선이 가리키는 그림을 보고 사물의 이름이나 행동, 상태 등에 해당하는 낱말을 **보기** 에서 찾아 ☐ 안에 쓰세요.

❶ 움직씨 ☐

❷ 이름씨 ☐

❸ 이름씨 ☐

❹ 이름씨 ☐

❺ 움직씨 ☐

보기 • 등산하다　• 거리　• 정상　• 전망대　• 시각　• 확인하다　• 선분　• 떨어지다

☐ 안에는 어떤 낱말의 첫 글자가 쓰여 있습니다. 이 첫 글자를 참고하여 ☐에 알맞은 말을 넣어 낱말 풀이를 완성해 보세요.

❶ **정상** : 산의 맨 꼭 ☐ ☐.

❷ **시각** : 시 ☐ 의 어느 한 시점.

❸ **떨어지다** : 일정한 거 ☐ 를 두고 있다.

❹ **선분** : 직 ☐ 위에 있는 두 점을 잇는 선.

❺ **거리** : 두 개의 물건이나 장 ☐ 등이 공간적으로 떨어진 길 ☐.

 **낱말 친구 사총사**

다음 밑줄 친 낱말의 뜻이 다른 셋과 같지 <u>않은</u> 것은 어느 것인지 번호를 고르세요.

 ① 우리 집은 학교에서 1km쯤 **떨어져** 있어.

 ② 일주일이 넘었는데도 감기가 **떨어지지** 않아.

 ③ 학원에서 조금 **떨어진** 곳에 정말 맛있는 분식점이 있어.

 ④ 엄마한테 화가 나서 한참 **떨어져서** 걸어갔어.

 **연상되는 낱말 찾기**

다음은 세 낱말을 보고 공통으로 연상되는 낱말을 찾는 문제입니다. 세 낱말과 관련 있는 낱말을 써 보세요.

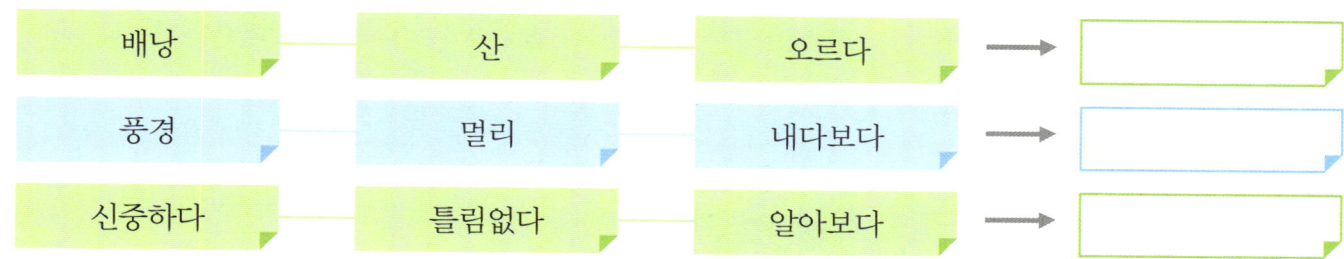

 **짧은 글짓기**

주어진 낱말을 이용하여 **보기**와 같은 형식으로 짧은 글을 지어 보세요.

> **보기** 누가 + 어디에서 + 무엇을 + 어떻게 했다

시각	
거리	
정상	

낱말 쌈 싸 먹기

알쏭달쏭 헛갈리는 맞춤법, 띄어쓰기, 관용어, 한자어가 이제 한입에 쏙!
하루에 한 쪽씩 맛있게 냠냠 해치우자!

맞춤법 다음 문장에서 ( ) 안의 낱말 중 맞춤법이 맞는 낱말에 ○표 하세요.

비만 오면 (천장, 천정)에서 물이 뚝뚝 떨어진다.

띄어쓰기 주어진 두 문장 중 하나에는 띄어쓰기가 틀린 부분이 있습니다. 둘 중 바르게 띄어쓰기를 한 문장을 찾아서 ○표 하세요.

㉮ 허수아비에 큰 **밀짚 모자**를 씌워 주었다.

㉯ 허수아비에 큰 **밀짚모자**를 씌워 주었다.

도움말 '밀짚이나 보리짚으로 만들어 여름에 쓰는 모자' 라는 뜻을 가진 한 낱말입니다.

관용어 □ 안에 낱말을 넣어서 그림 속 상황과 어울리는 속담이나 격언 등을 만들어 보세요.

손에 □을 쥐다

한자어 글의 의미에 맞게 □ 안에 들어갈 알맞은 한자어를 보기 에서 찾아 써 보세요.

그 작가의 소설은 등장 □□의 □□(을)를 잘 표현해 내는 것으로 유명하다.

보기 • 人物 • 人生 • 內面 • 室內

가로·세로 낱말 만들기

28

 주어진 글자를 연결하여 **27**회에 공부한 낱말을 만들어 보세요.

				시	선		
		정	전				

망	분	각	정	선
시	상	대	떨	전

★ 도전 시간 | 1분
★ 만들 낱말 수 | 4개
★ 만든 낱말 수 | 개

낱말은 쏙쏙! 생각은 쑥쑥!

낱말 영역	
걸린 시간	분 초

지시선이 가리키는 그림을 보고 사물의 이름이나 행동, 상태 등에 해당하는 낱말을 **보기**에서 찾아 □ 안에 쓰세요.

❶ 이름씨
❷ 움직씨
❸ 이름씨
❹ 이름씨
❺ 움직씨

보기 • 준비운동   • 뜨다   • 발차기   • 가르다   • 초시계   • 유선형   • 단축   • 경쟁하다

□ 안에는 어떤 낱말의 첫 글자가 쓰여 있습니다. 이 첫 글자를 참고하여 □에 알맞은 말을 넣어 낱말 풀이를 완성해 보세요.

❶ **단축** : 시간이나 거리 등을 짧게 줄□□.
❷ **발차기** : 수□에서, 다□로 물을 차는 동작.
❸ **가르다** : 물체가 공기나 물을 양□으로 열며 움직이다.
❹ **준비운동** : 본격적인 운□이나 경기를 하기 전에, 몸을 풀기 위하여 하는 가□□ 운동.
❺ **유선형** : 물이나 공기의 저□을 최소한으로 하기 위하여 앞부분을 곡□으로 만들고, 뒤쪽으로 갈수록 뾰족하게 한 형태

 낱말 친구 사총사

다음 밑줄 친 낱말의 뜻이 다른 셋과 같지 않은 것은 어느 것인지 번호를 고르세요.

❶  수영 선수들이 출발 신호와 함께 물살을 **가르며** 앞으로 나아갔어.

❷  바람을 **가르면서** 힘차게 달리는 말이 자유로워 보였어.

❸  아이들을 두 편으로 **갈라서** 게임을 했어.

❹  제트기가 허공을 **가르며** 힘차게 날아올랐어.

 연상되는 낱말 찾기

다음은 세 낱말을 보고 공통으로 연상되는 낱말을 찾는 문제입니다. 세 낱말과 관련 있는 낱말을 써 보세요.

기록	시간	재다	→	
라이벌	앞서다	겨루다	→	
가볍다	둥둥	튜브	→	

 짧은 글짓기

주어진 낱말을 이용하여 보기 와 같은 형식으로 짧은 글을 지어 보세요.

> 보기   누가 + 언제 + 무엇을 + 어떻게 했다

준비운동	
발차기	
단축	

낱말 쌈 싸 먹기

알쏭달쏭 헛갈리는 맞춤법, 띄어쓰기, 관용어, 한자어가 이제 한입에 쏙!
하루에 한 쪽씩 맛있게 냠냠 해치우자!

맞춤법 다음 문장에서 맞춤법이 틀린 낱말을 찾아 바르게 고쳐 써 보세요.

형은 기분이 좋은지 횟바람을 불었다.　　(　　　) → (　　　)

띄어쓰기 주어진 두 문장 중 하나에는 띄어쓰기가 틀린 부분이 있습니다. 둘 중 바르게 띄어쓰기를 한 문장을 찾아서 ○표 하세요.

㉮ 할아버지는 왜 고구마를 **껍질 째** 드세요?　　㉯ 할아버지는 왜 고구마를 **껍질째** 드세요?

도움말 '째'는 '그대로', 또는 '전부'라는 뜻을 앞말에 더하는 낱말입니다.

관용어 □ 안에 낱말을 넣어서 그림 속 상황과 어울리는 속담이나 격언 등을 만들어 보세요.

□□□이
사람 잡는다

한자어 글의 의미에 맞게 □ 안에 들어갈 알맞은 사자성어를 보기 에서 찾아 써 보세요.

그는 많은 실패와 좌절 끝에 뒤늦게 성공한 □□□□ 형의 사람이다.

보기　• 대기만성(大器晚成)　　• 동고동락(同苦同樂)　　• 결자해지(結者解之)

공부를 시작하기 전에 가볍게 머리를 풀어 보아요!

가로·세로 낱말 만들기

29

 주어진 글자를 연결하여 **28**회에 공부한 낱말을 만들어 보세요.

				경			
		단	초	유			

계	쟁	시	경	단
선	축	형	초	유

★ 도전 시간 | 1분
★ 만들 낱말 수 | 4개
★ 만든 낱말 수 | 개

낱말은 쏙쏙! 생각은 쑥쑥!

| 낱말 영역 | |
| 걸린 시간 | 분   초 |

그림으로 낱말 찾기

지시선이 가리키는 그림을 보고 사물의 이름이나 행동, 상태 등에 해당하는 낱말을 보기 에서 찾아 □ 안에 쓰세요.

❶ 그림씨 [ ][ ][ ]

❷ 이름씨 [ ][ ][ ]

❸ 움직씨 [ ][ ][ ]

❹ 움직씨 [ ][ ][ ]

❺ 이름씨 [ ][ ][ ][ ]

보기 • 바느질 • 꾸리다 • 이부자리 • 타이르다 • 자욱하다 • 벌어지다 • 외딴집
     • 마다하다 • 소용돌이치다

낱말 뜻 알기

□ 안에는 어떤 낱말의 첫 글자가 쓰여 있습니다. 이 첫 글자를 참고하여 □에 알맞은 말을 넣어 낱말 풀이를 완성해 보세요.

❶ **마다하다** : 거[ ] 하거나 싫다고 하다.

❷ **외딴집** : 홀[ ] 따로 떨어져 있는 집.

❸ **꾸리다** : 짐이나 물[ ] 등을 싸서 묶다.

❹ **소용돌이치다** : 물이 빙빙 돌[ ][ ] 세차게 흐[ ][ ].

❺ **타이르다** : 잘 깨[ ][ ][ ] 일의 이치를 찬찬히 밝혀 말해 주다.

다음 밑줄 친 낱말의 뜻이 다른 셋과 같지 않은 것은 어느 것인지 번호를 고르세요.

① 기어이 걱정하던 일이 **벌어지고야** 말았어.

② 시장 한복판에서 싸움이 크게 **벌어졌어**.

③ 이 만화책 다음 편에서는 무슨 일이 **벌어질지** 궁금해.

④ 새 학년이 된 뒤로 정은이와 사이가 **벌어져서** 속상해.

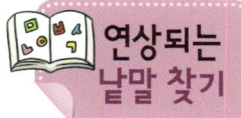

다음은 세 낱말을 보고 공통으로 연상되는 낱말을 찾는 문제입니다. 세 낱말과 관련 있는 낱말을 써 보세요.

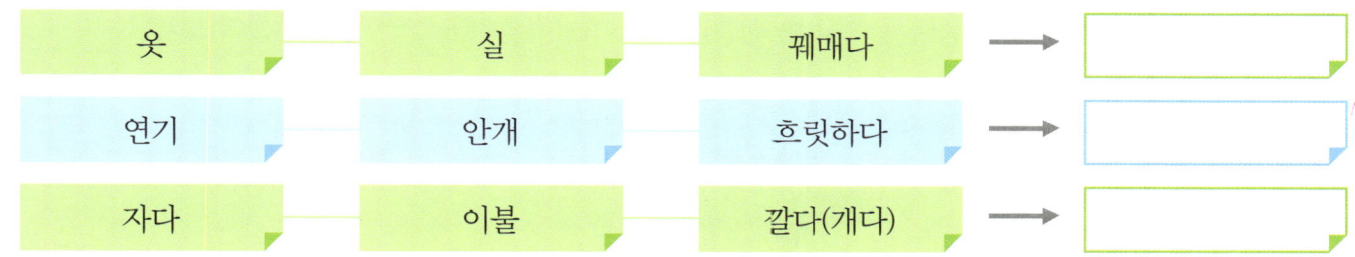

옷	실	꿰매다	→	
연기	안개	흐릿하다	→	
자다	이불	깔다(개다)	→	

주어진 낱말을 이용하여 보기 와 같은 형식으로 짧은 글을 지어 보세요.

보기   누가 + 어디에서 + 무엇을 + 어떻게 했다

소용돌이치다	
외딴집	
마다하다	

낱말 쌈 싸 먹기

알쏭달쏭 헷갈리는 맞춤법, 띄어쓰기, 관용어, 한자어가 이제 한입에 쏙!
하루에 한 쪽씩 맛있게 냠냠 해치우자!

맞춤법 다음 문장에서 ( ) 안의 낱말 중 맞춤법이 맞는 낱말에 ○표 하세요.

> 우리 반은 전교에서 (출석율, 출석률)이 가장 높다.

띄어쓰기 주어진 두 문장 중 하나에는 띄어쓰기가 틀린 부분이 있습니다. 둘 중 바르게 띄어쓰기를 한 문장을 찾아서 ○표 하세요.

가 다리가 아파서 그냥 바닥에 **주저 앉았다.**

나 다리가 아파서 그냥 바닥에 **주저앉았다.**

도움말 '서 있던 자리에 그대로 힘없이 앉다.'라는 뜻을 가진 한 낱말입니다.

관용어 □ 안에 낱말을 넣어서 그림 속 상황과 어울리는 속담이나 격언 등을 만들어 보세요.

발 □□ 나서다

한자어 글의 의미에 맞게 □ 안에 들어갈 알맞은 한자어를 보기 에서 찾아 써 보세요.

우리 가족은 □□이 입원하셨다는 소식을 듣고 병원으로 □□(을)를 갔다.

보기 ・三寸 ・三月 ・病院 ・問病

공부를 시작하기 전에 가볍게 머리를 풀어 보아요!

가로·세로 낱말 만들기

30

 주어진 글자를 연결하여 **29**회에 공부한 낱말을 만들어 보세요.

		이					
		자					

리	딴	다	욱	부
자	이	하	자	꾼

★ 도전 시간 | 1분
★ 만들 낱말 수 | 3개
★ 만든 낱말 수 | 　　개

낱말은 쏙쏙! 생각은 쑥쑥!

낱말 영역 |
걸린 시간 | 분 초

 **그림으로 낱말 찾기**

지시선이 가리키는 그림을 보고 사물의 이름이나 행동, 상태 등에 해당하는 낱말을 보기 에서 찾아 □ 안에 쓰세요.

❶ 움직씨
❷ 움직씨
❸ 이름씨
❹ 움직씨
❺ 이름씨

보기 • 시상대 • 따다 • 흘리다 • 게양되다 • 애국가 • 상징하다 • 독립 • 자긍심 • 보급하다

낱말 뜻 알기

□ 안에는 어떤 낱말의 첫 글자가 쓰여 있습니다. 이 첫 글자를 참고하여 □에 알맞은 말을 넣어 낱말 풀이를 완성해 보세요.

❶ **게양되다** : 깃[ ]이 높이 내걸리다.
❷ **자긍심** : 스스로를 자[ ][ ][ ][ ] 당당하게 여기는 마[ ].
❸ **상징하다** : 어떤 생[ ]이나 느낌을 눈에 보이는 것으로 나타내다.
❹ **보급하다** : 널[ ] 퍼뜨려서 많은 사람들이 골[ ][ ] 누리게 하다.
❺ **독립** : 다른 것에 딸리거나 기[ ][ ] 않는 상태로 됨. 또는 한 나[ ]가 완전한 주권을 행사함.

 **낱말 친구 사총사**

다음 밑줄 친 낱말의 뜻이 다른 셋과 같지 <u>않은</u> 것은 어느 것인지 번호를 고르세요.

❶  우리나라가 우승하는 순간에 나도 감격해서 눈물을 **흘렸어**.

❷  제발 사람 말 좀 **흘려서** 듣지 말고 주의 깊게 들어라.

❸  농부들이 땀을 **흘리며** 열심히 일하고 있어.

❹  고기를 구우니까 강아지가 먹고 싶은지 침을 **흘렸어**.

 **연상되는 낱말 찾기**

다음은 세 낱말을 보고 공통으로 연상되는 낱말을 찾는 문제입니다. 세 낱말과 관련 있는 낱말을 써 보세요.

운동선수	올라가다	설치물	→	
국민의례	노래	안익태	→	
홀로서기	주권	3·1운동	→	

 **짧은 글짓기**

주어진 낱말을 이용하여 **보기**와 같은 형식으로 짧은 글을 지어 보세요.

보기 누가 + 무엇을 + 어떻게 했다

따다	
보급하다	
상징하다	

낱말 쌈 싸 먹기

알쏭달쏭 헛갈리는 맞춤법, 띄어쓰기, 관용어, 한자어가 이제 한입에 쏙!
하루에 한 쪽씩 맛있게 냠냠 해치우자!

맞춤법 다음 문장에서 맞춤법이 틀린 낱말을 찾아 바르게 고쳐 써 보세요.

책상을 세게 끌어 당겨서 마루에 험집이 생겼다.　　(　　　　)→(　　　　)

띄어쓰기 주어진 두 문장 중 하나에는 띄어쓰기가 틀린 부분이 있습니다. 둘 중 바르게 띄어쓰기를 한 문장을 찾아서 ○표 하세요.

㉮ 어버이 은혜는 하늘보다 **높고 높다.**　　㉯ 어버이 은혜는 하늘보다 **높고높다.**

도움말 '높다'라는 낱말이 두 번 쓰인 낱말입니다.

관용어 □ 안에 낱말을 넣어서 그림 속 상황과 어울리는 속담이나 격언 등을 만들어 보세요.

□□ 뻗고 자다

한자어 글의 의미에 맞게 □ 안에 들어갈 알맞은 사자성어를 **보기** 에서 찾아 써 보세요.

□□□□(이)라고 친구는 많으면 많을수록 좋다.

보기
- 고진감래(苦盡甘來)
- 자업자득(自業自得)
- 다다익선(多多益善)

| 부록 |
한글 맞춤법 알아보기

공습국어 초등어휘의 낱말 쌈 싸먹기 꼭지에서는 맞춤법과 띄어쓰기, 그리고 관용어와 관련된 문제를 풀게 됩니다. 그런데 맞춤법이나 띄어쓰기의 경우 미리 약속한 규칙이 있어서 이를 잘 알지 못하면 문제를 풀기 쉽지 않습니다. 따라서 문제를 풀기 전에 맞춤법과 띄어쓰기에 관련하여 약속된 규칙을 꼼꼼히 살펴보는 것이 필요합니다.

한글 맞춤법 알아보기에서는 국립국어원의 한글 맞춤법과 표준어 규정 중에서 낱말 쌈 싸먹기의 맞춤법과 띄어쓰기에 나오는 낱말에 해당하는 규칙들을 살펴 볼 것입니다. 문법 용어나 설명하는 내용이 다소 어렵게 느껴지겠지만 문제를 풀기 위해서 꼭 알아두어야 할 규칙이므로 자주 읽어보면서 머릿속에 기억해 두기 바랍니다.

★ 맞춤법과 띄어쓰기와 관련된 용어 및 설명은 국립국어원 홈페이지(www.korean.go.kr)의 어문 규정을 따랐음을 밝힙니다. 아울러 지면상 본 교재에서 다루지 못한 부분이나 맞춤법과 띄어쓰기에 관련된 좀 더 자세한 정보는 국립국어원 홈페이지를 참고해 주시기 바랍니다.

한글 맞춤법의 기본 원칙

한글 맞춤법 총칙 1장 1항에 보면 '한글 맞춤법은 표준어를 소리대로 적되, 어법에 맞도록 함을 원칙으로 한다.' 라고 되어 있습니다. 우리말은 표음문자, 즉 말소리를 그대로 기호로 나타낸 문자이기 때문에 소리대로 글자를 적지만 모든 낱말을 소리대로 적을 수는 없습니다. 왜냐하면 우리말에는 소리가 비슷한 낱말들이 많이 있고 같은 글자라도 어떤 글자와 결합하느냐에 따라 소리가 달라져서 소리대로 적을 경우 그 뜻을 분간하기 어렵기 때문입니다. 꽃을 예를 들어 설명해 볼까요?

- 꽃이 ➡ 꼬치
- 꽃나무 ➡ 꼰나무
- 꽃밭 ➡ 꼳빧

위와 같이 소리대로 적으면 '꽃'이라고 하는 원래 모양이 사라져 버리고 글자 모양도 매번 달라져서 뜻을 파악하기가 매우 불편해 집니다. 그래서 소리대로 적긴 하지만 원래 모양을 밝혀 적어야 함을 원칙으로 세운 것입니다.

그럼 맞춤법에 맞게 글을 쓰기 위해 알아 두어야 할 몇 가지 규칙을 살펴볼까요?

● **된소리가 나지만 된소리로 적지 않는 경우**

된소리는 'ㄲ, ㄸ, ㅃ, ㅆ, ㅉ'으로 발음되는 소리입니다. 다음은 된소리가 나지만 된소리로 적지 않는 경우입니다.

- 국수(O), 국쑤(X)
- 깍두기(O), 깍뚜기(X)
- 갑자기(O), 갑짜기(X)
- 법석(O), 법썩(X)
- 뚝배기(O), 뚝빼기(X)
- 납작하다(O), 납짝하다(X)
- 떡볶이(O), 떡뽂끼(X)
- 몹시(O), 몹씨(X)
- 거꾸로(O), 꺼꾸로(X)
- 고깔(O), 꼬깔(X)
- 눈곱(O), 눈꼽(X)
- 돌부리(O), 돌뿌리(X)

● **예사소리가 아니라 된소리나 거센 소리로 적어야 하는 경우**

된소리나 거센 소리로 적어야 하는 낱말 중 예사소리로 적는 것으로 잘못 알고 있는 경우가 있습니다. 다음은 된소리로 적어야 하는 낱말입니다.

- 나무꾼(O), 나뭇군(X)
- 날짜(O), 날자(X)
- 살코기(O), 살고기(X)
- 눈썹(O), 눈섶(X)
- 머리카락(O), 머리가락(X)
- 수탉(O), 수닭(X)
- 팔꿈치(O), 팔굼치(X)

● ㅈ, ㅊ'으로 소리가 나도 'ㄷ, ㅌ'으로 적는 경우

'ㄷ, ㅌ' 받침이 있는 글자 다음에 '이'나 '히'가 와서 'ㅈ, ㅊ'으로 소리가 나더라도 'ㄷ, ㅌ'으로 적습니다.

- 해돋이(○), 해도지(×)
- 끝이(○), 끄치(×)
- 닫히다(○), 다치다(×)

● 한자어의 첫소리가 'ㄴ, ㄹ'일 때 'ㅇ'으로 적는 경우

한자음 '녀, 뇨, 뉴, 니'가 낱말의 첫머리에 올 적에는, '여, 요, 유, 이'로 적습니다. 또한 한자음 '랴, 려, 례, 료, 류, 리'가 낱말의 첫머리에 올 때에도, '야, 여, 예, 요, 유, 이'로 적습니다.

- 여자(○), 녀자(×)
- 연세(○), 년세(×)
- 요소(○), 뇨소(×)
- 양심(○), 량심(×)
- 역사(○), 력사(×)
- 예의(○), 례의(×)

● 한자어의 첫소리가 'ㄹ'일 때 'ㄴ'으로 적는 경우

한자음 '라, 래, 로, 뢰, 루, 르'가 단어의 첫머리에 올 적에는, '나, 내, 노, 뇌, 누, 느'로 적습니다.

- 낙원(○), 락원(×)
- 내일(○), 래일(×)
- 노동(○), 로동(×)

● 받침소리가 원래 글자와 다른 경우

우리말 받침소리는 'ㄱ, ㄴ, ㄷ, ㄹ, ㅁ, ㅂ, ㅇ'의 7개 자음만 발음하지만 받침에는 쌍자음을 비롯하여 모든 자음을 쓸 수 있습니다. 따라서 소리 나는 대로 받침을 적을 경우 틀릴 수 있으니 주의해야 합니다.

- 곶감(○), 곧감(×)
- 갓길(○), 갇낄(×)
- 곳간(○), 곧깐(×)
- 깎다(○), 깍따(×)
- 꺾다(○), 꺽따(×)
- 닦다(○), 닥따(×)
- 굵다(○), 굼따(×)
- 넓다(○), 널따(×)
- 무릎(○), 무릅(×)
- 옛날(○), 옌날(×)
- 풀잎(○), 풀입(×)
- 넋두리(○), 넉두리(×)
- 여덟(○), 여덜(×)
- 이튿날(○), 이튼날(×)
- 싫증(○), 실쯩(×)
- 부엌(○), 부억(×)

● 발음이 비슷하여 잘못 쓰기 쉬운 경우 1

모음 'ㅔ'와 'ㅐ', 그리고 'ㅖ'는 소리를 구별하기 어려워 잘못 쓰기 쉽습니다.

- 가게(O), 가개(X)
- 핑계(O), 핑게(X)
- 게양(O), 계양(X)
- 어깨(O), 어께(X)
- 돌멩이(O), 돌맹이(X)
- 메밀국수(O), 매밀국수(X)
- 메뚜기(O), 매뚜기(X)
- 절레절레(O), 절래절래(X)
- 휴게실(O), 휴계실(X)
- 지게(O), 지개(X)
- 수수께끼(O), 수수깨끼(X)
- 찌개(O), 찌게(X)
- 게시판(O), 계시판(X)
- 베게(O), 베개(X)
- 지우개(O), 지우게(X)
- 술래잡기(O), 술레잡기(X)

● 발음이 비슷하여 잘못 쓰기 쉬운 경우 2

모음 'ㅣ'와 'ㅢ'는 소리를 구별하기 어려워 잘못 쓰기 쉽습니다.

- 무늬(O), 무니(X)

● 한 낱말 안에서 같은 음절이나 비슷한 음절이 겹쳐 나는 경우

한글 맞춤법에서는 낱말 안에서 같은 음절이나 비슷한 음절이 겹쳐 나면 같은 글자로 적습니다. 예를 들어 '딱따구리'는 'ㄸ' 음이 한 낱말에서 겹쳐나기 때문에 '딱다구리'라고 쓰지 않습니다.

- 짭짤하다(O), 짭잘하다(X)
- 똑딱똑딱(O), 똑닥똑닥(X)
- 쓸쓸하다(O), 쓸슬하다(X)
- 꼿꼿하다(O), 꼿곳하다(X)
- 씩씩하다(O), 씩식하다(X)
- 밋밋하다(O), 민밋하다(X)

● '-장이'로 쓰는 경우와 '-쟁이'로 쓰는 경우

기술자를 뜻할 때는 '-장이'로, 그 외에는 '-쟁이'로 써야 합니다.

- 멋쟁이(O), 멋장이(X)
- 미장이(O), 미쟁이(X)
- 개구쟁이(O), 개구장이(X)
- 대장장이(O), 대장쟁이(X)
- 난쟁이(O), 난장이(X)
- 겁쟁이(O), 겁장이(X)

● 의성어와 의태어에서 모음조화 현상을 따르지 않는 경우

모음을 구분할 때 'ㅏ, ㅗ' 따위를 양성 모음이라고 하고, 'ㅓ, ㅜ' 따위를 음성 모음이라고 합니다. 모음조화란 양성 모음은 양성 모음끼리, 음성 모음은 음성 모음끼리 어울리는 현상을 말합니다. '얼룩덜룩', '알록달록' 과 같이 소리나 모양을 흉내 낸 의성어와 의태어의 경우는 모음조화의 원칙에 따라 낱말을 적습니다. 하지만 모음조화 현상을 따르지 않는 예외도 있습니다. 이 예외적인 경우 이외에는 모음조화 현상에 따라 의성어와 의태어를 써야 합니다.

- 오순도순(O), 오손도손(X)
- 깡충깡충(O), 깡총깡총(X)
- 소꿉장난(O), 소꼽장난(X)

● 발음에 변화가 일어나 새롭게 정한 표준어

원래는 둘 다 표준어였지만 자음이나 모음의 발음에 변화가 일어나 하나만 둘 중 하나만 표준어가 된 경우가 있습니다. 표준어와 비표준어를 혼동하지 않도록 주의 합니다.

- 강낭콩(O), 강남콩(X)
- 부딪치다(O), 부딪히다(X)
- 빈털터리(O), 빈털털이(X)
- 숟가락(O), 숫가락(X)
- 짜깁기(O), 짜집기(X)
- 무(O), 무우(X)
- 내로라하다(O), 내노라하다(X)
- 서슴지(O), 서슴치(X)
- 셋째(O), 세째(X)
- 없음(O), 없슴(X)
- 할게(O), 할께(X)
- 구절(O), 귀절(X)
- 미숫가루(O), 미싯가루(X)
- 홀아비(O), 홀애비(X)
- 며칠(O), 몇일(X)
- 상추(O), 상치(X)
- 삐치다(O), 삐지다(X)
- 사글세(O), 삯월세(X)
- 자장면(O), 짜장면(X)
- 김치 소(O), 김치 속(X)
- 뒤꼍(O), 뒤켠(X)
- 넉넉지(O), 넉넉치(X)
- 수탉(O), 숫닭(X)
- 엊그저께(O), 엇그저께(X)
- 해님(O), 햇님(X)
- 끼어들다(O), 끼여들다(X)
- 트림(O), 트름(X)
- 쌍둥이(O), 쌍동이(X)
- 맞추다(O), 마추다(X)
- 설거지(O), 설겆이(X)
- 삼수갑산(O), 산수갑산(X)
- 수퇘지(O), 숫돼지(X)
- 우레(O), 우뢰(X)
- 멀리뛰기(O), 넓이뛰기(X)
- 밭다리(O), 밧다리(X)
- 수평아리(O), 숫평아리(X)
- 암캐(O), 암개(X)
- 어쨌든(O), 여쨋든(X)
- 예쁘다(O), 이쁘다(X)
- 할인(O), 활인(X)
- 장구(O), 장고(X)

● 뜻을 구별하여 사용해야 하는 낱말

우리말에는 뜻은 다른데 글자나 발음이 비슷한 낱말이나 둘 이상의 낱말이 비슷한 뜻을 가져서 어떤 낱말을 사용해야 할지 애매한 경우가 많이 있습니다.

- 걸음 : '걷다'의 명사형 / 거름 : 땅을 기름지게 하는 물질
- 바라다 : 그렇게 되었으면 하고 생각하다. / 바래다 : 색이 바래다. 또는 배웅하다.
- 얼음 : 물이 굳은 것 / 어름 : 구역과 구역의 경계점
- 웃옷 : 겉에 입는 옷 / 윗옷 : 위에 입는 옷
- 장사 : 물건을 파는 일 / 장수 : 장사하는 사람
- 짖다 : 소리를 내다. / 짓다 : 무엇을 만들다.
- 가리키다 : 방향이나 대상을 알리다. / 가르치다 : 지식이나 기능을 알게 하다.
- 다르다 : 서로 같지 않다. / 틀리다 : 그르거나 어긋나다.
- 반듯이 : 굽지 않고 바르다. / 반드시 : 틀림없이, 꼭
- 부치다 : 편지나 물건 등을 보내다. / 붙이다 : 떨어지지 않게 하다.
- 잊어버리다 : 생각이 나지 않다. / 잃어버리다 : 물건이 없어져 갖고 있지 않다.
- 늘리다 : 커지거나 많게 되다. / 늘이다 : 원래보다 더 길게 하다.
- 돋구다 : 안경의 도수 따위를 높이다. / 돋우다 : 위로 올려 도드라지거나 높아지게 하다.
- 댕기다 : 불이 옮아 붙다. / 당기다 : 마음이나 몸이 끌리다.
- 다리다 : 다리미로 옷을 문지르다. / 달이다 : 액체 따위를 끓여서 진하게 만들다.
- 비치다 : 빛을 받아 모양이 나타나 보이다. / 비추다 : 빛을 다른 대상이 받게 하다.
- 빌다 : 간청하거나 호소하다. / 빌리다 : 남의 물건이나 돈을 얼마 동안 쓰다.
- 살지다 : 살이 많고 튼실하다. / 살찌다 : 몸에 살이 필요 이상으로 많아지다.
- 벌이다 : 일 따위를 시작하거나 펼쳐 놓다. / 벌리다 : 둘 사이를 넓히거나 멀게 하다.

띄어쓰기의 기본 원칙

한글 맞춤법 1장 2항에 의하면 '문장의 각 단어는 띄어 씀을 원칙으로 한다.' 고 되어 있습니다. 그렇다고 모든 낱말을 띄어서 쓰는 것은 아닙니다. '나는 학생입니다.' 라는 문장을 보면 '나' 와 '는' 은 각각 다른 낱말이지만 붙여 쓴 걸 알 수 있습니다. 두 낱말은 붙여 쓴 것은 '는' 이 독자적인 의미를 갖고 있지 않기 때문입니다.

이처럼 낱말을 붙여 쓸 때도 있기 때문에 띄어쓰기는 항상 헷갈리지만 몇 가지 규칙을 기억해 두면 띄어쓰기에 대해 자신감을 가질 수 있을 것입니다.

● **조사는 그 앞말에 붙여 쓴다**

낱말은 명사(이름씨), 동사(움직씨), 형용사(그림씨), 부사(어찌씨), 조사 등과 같이 품사에 따라 구분할 수 있는데, 조사는 독자적인 의미가 없이 명사 뒤에 붙어 명사를 주어, 목적어, 서술어 등으로 만드는 기능적 역할을 담당합니다.

~까지	학교**까지**	~치고	양반**치고**	~밖에	너**밖에**
~같이	사자**같이**	~(이)든지	누구**든지**	~대로	이**대로**
~더러	누구**더러**	~조차	너**조차**	~에설랑	바다**에설랑**
~처럼	처음**처럼**	~보다	양**보다**	~마따나	말**마따나**
~한테	삼촌**한테**	~(은)커녕	짐승은**커녕**	~마다	사람**마다**
~마저	엄마**마저**	~(이)나마	조금이**나마**	~라야만	너**라야만**

● **의존 명사는 앞말과 띄어 쓴다**

의존 명사는 다른 명사에 기대어 쓰는 형식적인 낱말로 조사와 비슷하지만 명사의 성격을 갖고 있기 때문에 조사와는 달리 앞말에 붙여 쓰지 않고 띄어 씁니다. 띄어쓰기를 틀리는 대부분의 경우를 보면 어떤 낱말을 접했을 때 이것이 의존명사인지 아닌지 헷갈려하기 때문입니다. 따라서 의존명사를 확실히 알아두는 것이 띄어쓰기를 잘하는 지름길입니다.

단위나 수량을 나타내는 의존명사					
개	한 **개**, 두 **개**	분	한 **분**, 어떤 **분**	자루	연필 한 **자루**
줄	한 **줄**, 두 **줄**	마리	닭 한 **마리**	다발	꽃 한 **다발**
그루	나무 한 **그루**	켤레	신발 한 **켤레**	방	홈런 한 **방**
근	돼지고기 한 **근**	채	집 한 **채**	포기	풀 한 **포기**

단위나 수량을 나타내는 의존명사					
모금	물 한 **모금**	주먹	한 **주먹**	톨	밤 한 **톨**
가지	한 **가지**, 몇 **가지**	척	배 한 **척**	벌	옷 한 **벌**
살	아홉 **살**, 열 **살**	대	차 한 **대**	장	종이 한 **장**

꾸며주는 말 뒤에서 쓰이는 의존명사					
지	떠난 **지**	쪽	어느 **쪽**	차	가려던 **차**
만큼	노력한 **만큼**	양	바보인 **양**	터	내일 갈 **터**
채	모르는 **채**	수	이럴 **수**가	만	좋아할 **만**도
척	아는 **척**	데	사는 **데**	자	맞설 **자**가
바	뜻한 **바**	이	아는 **이**	것	어느 **것**
대로	느낀 **대로**	쪽	가까운 **쪽**	분	착한 **분**
탓	게으른 **탓**	듯	자는 **듯**	체	잘난 **체**
줄	그럴 **줄**	딴	제 **딴**에는	나위	더할 **나위**
따름	웃을 **따름**	뿐	보낼 **뿐**	둥	하는 **둥**
때문	너 **때문**	뻔	다칠 **뻔**	따위	너 **따위**
리	그럴 **리**가	나름	하기 **나름**		

두 말을 이어주거나 열거하는 의존명사					
등	국어, 수학, 영어 **등**	대	청군 **대** 백군	내지	열 **내지** 스물
겸	차장 **겸** 팀장	및	선생님 **및** 학부모님	등지	광주, 대구 **등지**

호칭이나 관직과 관련된 의존명사					
군	홍길동 **군**	박사	아인슈타인 **박사**	씨	이몽룡**씨**

기타 의존명사			
편	기차 **편**	통	난리 **통**

● 접사는 낱말의 앞이나 뒤에 붙여 쓴다

접사는 홀로 쓰이지 않고 다른 낱말의 앞에 붙어서 새로운 뜻을 가진 낱말을 만드는 역할을 합니다. 낱말의 앞에 붙을 때는 접두사라고 하고, 뒤에 붙을 때는 접미사라고 합니다. 접사 중에는 관형사나 의존명사와 비슷한 글자가 많아 띄어쓰기를 틀리는 경우가 많으므로 잘 기억해 두세요.

맏	맏며느리	맨	맨발	풋	풋고추
한	한가운데	웃	웃어른	늦	늦더위
날	날고기	덧	덧버선	햇	햇과일
민	민소매	개	개꿈	돌	돌미역
맞	맞대결	설	설익다	강	강타자
홑	홑이불	새	새까맣다	선	선무당
헛	헛수고	알	알거지	맞	맞절
핫	핫바지	처	처먹다	짝	짝사랑
막	막노동	엿	엿듣다	질	걸레질
내	겨우내	꾼	구경꾼	둥이	귀염둥이
뱅이	가난뱅이	광	농구광	치	중간치

● 둘 이상의 낱말이 결합하여 붙여 쓰는 합성명사

명사와 명사가 결합하여 새로운 뜻을 가진 하나의 낱말이 되는 경우 두 낱말을 띄어 쓰지 않고 붙여 씁니다.

겉+모양	겉모양	길+바닥	길바닥	단풍+잎	단풍잎
그림+일기	그림일기	가을+밤	가을밤	말+없이	말없이
기와+집	기와집	꽃+가루	꽃가루	돌+잔치	돌잔치
몸+무게	몸무게	돼지+고기	돼지고기	말+버릇	말버릇
불+장난	불장난	고기잡이+배	고기잡이배	단발+머리	단발머리
막내+딸	막내딸	아침+밥	아침밥	웃음+바다	웃음바다
새끼+손가락	새끼손가락	단골+손님	단골손님	봄+빛	봄빛
밥+상	밥상	호박+엿	호박엿	송이+버섯	송이버섯
비+바람	비바람	바늘+구멍	바늘구멍	밥+그릇	밥그릇
묵+사발	묵사발	조각+구름	조각구름	물+장수	물장수

● 둘 이상의 동사가 결합하여 붙여 쓰는 복합동사

동사와 동사가 결합하여 새로운 뜻을 가진 하나의 낱말이 되는 경우 두 낱말을 띄어 쓰지 않고 붙여 씁니다.

가지다+가다	가져가다	걷다+가다	걸어가다	쫓기다+나다	쫓겨나다
구르다+가다	굴러가다	뛰다+다니다	뛰어다니다	올리다+놓다	올려놓다
찾다+보다	찾아보다	고맙다+하다	고마워하다	바라다+보다	바라보다
내리다+오다	내려오다	즐겁다+하다	즐거워하다	잡다+먹다	잡아먹다
따르다+가다	따라가다	기다+가다	기어가다	솟다+나다	솟아나다
하다+나다	해내다	무섭다+하다	무서워하다	달리다+가다	달려가다
벗다+나다	벗어나다	잡다+당기다	잡아당기다	그립다+하다	그리워하다
데리다+가다	데려가다	내리다+놓다	내려놓다	모이다+들다	모여들다
얻다+먹다	얻어먹다	뛰다+가다	뛰어가다	깨다+나다	깨어나다
잡다+가다	잡아가다	물리다+나다	물러나다	쫓다+가다	쫓아가다
튀다+나오다	튀어나오다	돌다+가다	돌아가다	뛰다+나가다	뛰쳐나가다
스미다+들다	스며들다	거들뜨다+보다	거들떠보다		

공습국어 초등어휘
정답과 해설

3·4학년 심화 I

주니어김영사

01회 | 16~18쪽

낱말은 쏙쏙! 생각은 쑥쑥!

★ 그림으로 낱말 찾기 ★
① 귀엣말 ② 제물 ③ 노하다 ④ 그르치다 ⑤ 쩔쩔매다

★ 낱말 뜻 알기 ★
① 어른, 몹시 ② 잘못, 그릇 ③ 해결 ④ 소곤거리는
⑤ 조마조마

★ 낱말 친구 사총사 ★
④

해설 ①, ②, ③에 쓰인 '풀려서, 풀리다니, 풀렸어'는 '잘 모르는 것이나 어렵고 힘든 일이 해결되다.'라는 뜻으로 사용되었고, ④에 쓰인 '풀려서'는 '춥던 날씨가 따뜻해지다.'라는 뜻으로 사용되었습니다.

★ 연상되는 낱말 찾기 ★
용궁, 귀엣말, 제물

★ 짧은 글짓기 ★
• 예 엄마는 차 안에서 회사에 늦을까 봐 조바심을 냈다.
• 예 뱃사람들은 인당수에서 심청이를 제물로 바쳤다.
• 예 청년은 회사에서 급히 서두르다가 일을 그르쳤다.

낱말쌈 싸 먹기

★ 맞춤법 ★
곰팡이

해설 '곰팡이'는 '곰팽이'로 잘못 쓰기 쉬운 말입니다. '곰팡이'의 '팡이'는 '피다'의 어간 '피-'에 작은 것을 나타내는 '앙이'가 붙은 것으로 바르게 기억하여 둡니다.

★ 띄어쓰기 ★
㉮

해설 '석'은 좌석을 세는 단위로, 의존명사이므로 앞말과 띄어 씁니다.

★ 관용어 ★
꿩

해설 그림은 책을 빌려가서 한참 동안 돌려주지도 않고 아무 말도 없어 친구들이 답답해하는 상황을 표현하고 있습니다. 이런 상황과 어울리는 속담에는 '꿩 구워 먹은 소식'이 있습니다. '꿩 구워 먹은 소식'은 '소식이 전혀 없음을 비유적으로 이르는 말'이라는 뜻을 갖고 있습니다.

★ 한자어 ★
外家(외가), 江村(강촌)

02회 | 20~22쪽

낱말은 쏙쏙! 생각은 쑥쑥!

★ 그림으로 낱말 찾기 ★
① 그림지도 ② 기호 ③ 대륙 ④ 지구본 ⑤ 철도

★ 낱말 뜻 알기 ★
① 모양 ② 지구, 모형 ③ 자리 ④ 표시, 부호
⑤ 기호, 지도

★ 낱말 친구 사총사 ★
①

해설 '자연환경'은 인간 생활을 둘러싸고 있는 자연계의 모든 요소가 이루는 환경을 뜻하는 말입니다. 산, 기온, 기후, 바다, 들, 하천 등이 자연환경이 속합니다.

★ 연상되는 낱말 찾기 ★
대륙, 지구본, 철도

★ 짧은 글짓기 ★
• 예 지난 주말에 엄마와 나는 시내 중심가에 위치한 백화점에서 쇼핑을 했다.
• 예 사건이 터진 날, 경찰은 이 지역의 지형을 유심히 살폈다.
• 예 사회 시간에 나는 학교 주변 모습을 그림지도로 나타냈다.

낱말쌈 싸 먹기

★ 맞춤법 ★
꽁짜 → 공짜

해설 '공짜'는 '힘이나 돈을 들이지 않고 거저 얻는 물건'을 뜻하는 말로 '꽁짜'로 잘못 쓰기 쉬우므로 바르게 기억하여 둡니다.

★ 띄어쓰기 ★
㉮

해설 '돈지갑'은 '돈'과 '지갑'이 하나로 합쳐져서 쓰이는 낱말이므로 붙여 씁니다.

★ 관용어 ★
가지, 바람

해설 그림은 7남매 집에서 날마다 애들한테 무슨 일이 생겨 엄마의 걱정이 끊이지 않는 상황을 표현하고 있습니다. 이런 상황과 어울리는 속담에는 '가지 많은 나무에 바람 잘 날이 없다'가 있습니다. '가지 많은 나무에 바람 잘 날이 없다'는 '가지가 많고 잎이 무성한 나무는 살랑거리는 바람에도 잎이 흔들려서 잠시도 조용한 날이 없다는 뜻으로, 자식을 많이 둔 어버이에게는 걱정이 끊일 날이 없음을 비유적으로 이르는 말'이라는 뜻을 갖고 있습니다.

★ 한자어 ★

속수무책(束手無策)

해설 • 속수무책(束手無策) : 손을 묶인 듯이 어찌 할 방책이 없다는 뜻으로, 뻔히 보면서도 손을 묶은 것처럼 어찌할 도리가 없어 꼼짝 못함을 이르는 말.
• 적반하장(賊反荷杖) : 도둑이 도리어 몽둥이를 든다는 뜻으로, 잘못한 사람이 도리어 잘한 사람을 나무라는 경우를 이르는 말.
• 노발대발(怒發大發) : 몹시 크게 성을 낸다는 뜻으로, 몹시 노하여 펄펄 뛰며 성을 내는 모습을 이르는 말.

03회 | 24~26쪽

★ 그림으로 낱말 찾기 ★
❶ 현미경 ❷ 들이마시다 ❸ 액체 ❹ 눈금실린더 ❺ 기체

★ 낱말 뜻 알기 ★
❶ 부드럽고 ❷ 냄새, 빨아들이다 ❸ 형태, 상태
❹ 작은, 확대 ❺ 부피, 눈금

★ 낱말 친구 사총사 ★
❹

해설 ❶, ❷, ❸에 쓰인 '이루는, 이루지, 이루었어'는 '몇 가지 부분이나 요소들을 모아 일정한 성질이나 모양을 가진 존재가 되게 하다.'라는 뜻으로 사용되었고, ❹에 쓰인 '이룬'은 '뜻한 대로 되게 하다.'라는 뜻으로 사용되었습니다.

★ 연상되는 낱말 찾기 ★
기체, 현미경, 유연하다

★ 짧은 글짓기 ★
• 예 과학 시간에 우리는 여러 가지 물질의 성질을 비교해 보았다.
• 예 이른 아침에 나는 상쾌한 공기를 들이마셨다.
• 예 모두가 잠든 밤에 마녀는 이상한 액체를 수프에 섞었다.

★ 맞춤법 ★
굳이

해설 '굳이[구지]'는 '구지'로 잘못 쓰기 쉬운 말입니다. [구지]로 발음하는 현상은 구개음화로 받침 'ㄷ'이 모음 '이'와 만나면 'ㄷ'이 'ㅈ'으로 바뀌어 발음나게 되는데 표기할 때는 'ㄷ' 받침을 써야 하므로 바르게 기억해 둡니다.

★ 띄어쓰기 ★
㉮

해설 '첫'은 '맨 처음의'라는 뜻을 나타내는 말로, 뒷말과 띄어 씁니다. 다만, '첫날'과 같은 '첫해'는 그 자체로 하나의 명사이므로 붙여 씁니다.

★ 관용어 ★
코

해설 그림은 팔씨름 대장이라고 으스대던 남자 아이가 여자아이에게 팔씨름을 져서 몹시 무안해하는 상황을 표현하고 있습니다. 이런 상황과 어울리는 관용구에는 '코가 납작해지다'가 있습니다. '코가 납작해지다'는 '몹시 무안을 당하거나 기가 죽어 위신이 뚝 떨어지다.'라는 뜻을 갖고 있습니다.

★ 한자어 ★
地方(지방), 強風(강풍)

04회 | 28~30쪽

★ 그림으로 낱말 찾기 ★
❶ 준법 ❷ 짚다 ❸ 동동거리다 ❹ 경사지다 ❺ 이다

★ 낱말 뜻 알기 ★
❶ 규칙, 지킴 ❷ 본보기, 따라 ❸ 바닥, 기울어
❹ 넘지, 조절 ❺ 마땅히, 바른

★ 낱말 친구 사총사 ★
❸

해설 ❶, ❷, ❹에 쓰인 '짚고, 짚어야'는 '바닥이나 벽, 지팡이 등에 몸을 의지하다.'라는 뜻으로 사용되었고, ❸에 쓰인 '짚어'는 '손으로 이마나 머리 등을 가볍게 눌러 대다.'라는 뜻으로 사용되었습니다.

★ 연상되는 낱말 찾기 ★
이다, 근면, 동동거리다

★ 짧은 글짓기 ★
• 예 할아버지는 건강을 되찾으시려고 절제 있는 생활을 하신다.
• 예 우리는 훌륭한 사람이 되기 위해 위인들의 행동을 본받아야 한다.
• 예 선생님께서 부모님의 은혜에 보답하기 위해 자식의 도리를 다하라고 하셨다.

낱말 쌈 싸 먹기

★ 맞춤법 ★
굼뱅이 → 굼벵이

해설 'ㅔ'가 들어가는 글자는 혼동하기 쉽습니다. 'ㅔ'를 'ㅐ'로 잘못 쓰지 않도록 주의합니다.

★ 띄어쓰기 ★
㉯

해설 '들어가다'는 '밖에서 안으로 향하여 가다.'라는 뜻으로, 붙여서 하나의 낱말로 씁니다.

★ 관용어 ★
귀신

해설 그림은 방금 책상 위에 올려둔 지우개가 보이지 않자 그 이유를 알 수 없어 의아해하는 상황을 표현하고 있습니다. 이런 상황과 어울리는 속담에는 '귀신이 곡할 노릇이다'가 있습니다. '귀신이 곡할 노릇이다'는 '신기하고 기묘하여 그 속내를 도통 알 수 없음을 비유적으로 이르는 말'이라는 뜻을 갖고 있습니다.

★ 한자어 ★
용두사미(龍頭蛇尾)

해설
- 동분서주(東奔西走): 동쪽으로 뛰고 서쪽으로 뛴다는 뜻으로, 사방으로 이리저리 몹시 바쁘게 돌아다님을 이르는 말.
- 설상가상(雪上加霜): 눈 위에 서리가 덮인다는 뜻으로, 난처한 일이나 불행한 일이 잇따라 일어남을 이르는 말.
- 용두사미(龍頭蛇尾): 용의 머리와 뱀의 꼬리라는 뜻으로, 처음은 왕성하나 끝이 부진한 현상을 이르는 말.

05회 | 32~34쪽

낱말은 쏙쏙! 생각은 쑥쑥!

★ 그림으로 낱말 찾기 ★
❶ 이중주 ❷ 리코더 ❸ 불다 ❹ 젓다 ❺ 멜로디언

★ 낱말 뜻 알기 ★
❶ 악기 ❷ 능력 ❸ 입김, 소리 ❹ 신체, 움직
❺ 바람, 건반

★ 낱말 친구 사총사 ★
❸

해설 ❶, ❸, ❹에 쓰인 '익혀서, 익히기, 익히더니'는 '어떤 일을 능숙하게 할 수 있도록 배우거나 공부하다.'라는 뜻으로 사용되었고, ❷에 쓰인 '익혀서'는 '날것을 열을 가하여 익게 하다.'라는 뜻으로 사용되었습니다.

★ 연상되는 낱말 찾기 ★
리코더, 젓다, 이중주

★ 짧은 글짓기 ★
- 예 나는 손가락으로 리코더의 구멍을 막았다.
- 예 누나는 이번 시험에서 실력을 발휘하였다.
- 예 나그네가 온 동네를 돌아다니며 피리를 불었다.

낱말 쌈 싸 먹기

★ 맞춤법 ★
굽이굽이

해설 '굽이굽이'는 '여러 굽이로 구부러지는 모양'을 뜻하는 말로 '구비구비'로 잘못 쓰기 쉬운 말이므로 바르게 기억하여 둡니다.

★ 띄어쓰기 ★
㉮

해설 '엉금엉금'은 '큰 동작으로 느리게 걷거나 기는 모양'을 뜻하는 말로, 붙여서 하나의 낱말로 씁니다.

★ 관용어 ★
굴뚝, 연기

해설 그림은 실제로 현장학습 때 붙어 다녔던 일이 있었기 때문에 두 아이가 사귄다는 소문이 난 상황을 표현하고 있습니다. 이런 상황과 어울리는 속담에는 '아니 땐 굴뚝에 연기 날까'가 있습니다. '아니 땐 굴뚝에 연기 날까'는 '실제 어떤 일이 있기 때문에 말이 남을 비유적으로 이르는 말', 또는 '원인이 없으면 결과가 있을 수 없음을 비유적으로 이르는 말'이라는 뜻을 갖고 있습니다.

★ 한자어 ★
出世(출세), 上京(상경)

06회 | 36~38쪽

낱말은 쏙쏙! 생각은 쑥쑥!

★ 그림으로 낱말 찾기 ★
❶ 한과 ❷ 행렬 ❸ 지지다 ❹ 승강이 ❺ 엿치기

★ 낱말 뜻 알기 ★
❶ 줄지어 ❷ 단체 ❸ 고집, 옥신각신 ❹ 기름, 부쳐
❺ 옛날, 과자

★ 낱말 친구 사총사 ★
❹

해설 ❶, ❷, ❸에 쓰인 '걸러, 걸러서, 거르니까'는 '찌꺼기나 건더기가 있는 액체를 체나 거름종이 등에 밭쳐서 액체만 받아 내다.'라는 뜻으로 사용되었고, ❹에 쓰인 '거르지'는 '차례대로 나아가다가 중간에 어느 순서나 자리를 빼고 넘기다.'라는 뜻으로 사용되었습니다.

★ 연상되는 낱말 찾기 ★

민속촌, 엿치기, 고물

★ 짧은 글짓기 ★

- 예 아빠가 지하철역에서 복지 단체 후원회에 가입하는 서류를 썼다.
- 예 토끼와 호랑이는 고개에서 서로 자기 말이 옳다고 승강이를 벌였다.
- 예 할머니께서 집에서 손수 한과를 만들어 주셨다.

낱말 쌈 싸 먹기

★ 맞춤법 ★

그으름 → 그을음

해설 '그을음'은 '어떤 물질이 탈 때에 연기에 섞여 나오는 먼지 모양의 검은 가루'로 '그으름'으로 잘못 쓰기 쉬운 말입니다. 단, '으름덩굴의 열매'의 뜻인 '으름'은 '그 으름'으로 띄어 씁니다.

★ 띄어쓰기 ★

㉯

해설 수량을 나타내는 말 뒤에 쓰이는 '잔'은 음료나 술의 분량을 세는 단위로, 앞말과 띄어 씁니다.

★ 관용어 ★

눈썹

해설 그림은 형들이 윽박지르는데도 겁먹지 않고 아주 태연한 상황을 표현하고 있습니다. 이런 상황과 어울리는 관용구에는 '눈썹도 까딱하지 않다'가 있습니다. '눈썹도 까딱하지 않다'는 '아주 태연하다.'라는 뜻을 갖고 있습니다.

★ 한자어 ★

백전백승(百戰百勝)

해설
- 용호상박(龍虎相搏): 용과 범이 서로 싸운다는 뜻으로, 강자끼리 서로 싸움을 이르는 말.
- 백전백승(百戰百勝): 백번 싸워 백번 이긴다는 뜻으로, 싸울 때마다 번번이 이김을 이르는 말.
- 진퇴양난(進退兩難): 나아갈 수도 물러설 수도 없는 궁지에 빠졌다는 뜻으로, 이러지도 저러지도 못하는 곤란한 처지를 이르는 말.

07회 | 40~42쪽

★ 그림으로 낱말 찾기 ★

❶ 표어 ❷ 특산물 ❸ 홍보물 ❹ 지명 ❺ 참여하다

★ 낱말 뜻 알기 ★

❶ 관계 ❷ 마을, 이름 ❸ 예전, 과정 ❹ 알리려고, 물건
❺ 스스로, 마음

★ 낱말 친구 사총사 ★

❹

해설 ❶, ❷, ❸에 쓰인 '열렸어, 열린, 열리는'은 '모임, 회의, 대회 등이 벌어지다.'라는 뜻으로 사용되었고, ❹에 쓰인 '열렸어'는 '열매다 맺히다.'라는 뜻으로 사용되었습니다.

★ 연상되는 낱말 찾기 ★

특산물, 주최하다, 표어

★ 짧은 글짓기 ★

- 예 김 선생님은 제자들이 반듯하게 크는 모습을 보며 교사로서 자부심을 느꼈다.
- 예 우리 모둠은 방과 후에 동네 이름의 유래를 조사하였다.
- 예 구청에서는 연말에 자선 음악회를 주최하였다.

낱말 쌈 싸 먹기

★ 맞춤법 ★

깔때기

해설 '깔때기'는 '깔대기'로 잘못 쓰기 쉬운 말입니다. 두 모음 사이에서 'ㄴ', 'ㄹ', 'ㅁ', 'ㅇ' 받침 뒤에서 나는 된소리는 예사소리로 적지 않고 된소리로 표기하기 때문에 바르게 기억하여 둡니다.

★ 띄어쓰기 ★

㉮

해설 '뿐'은 '다만 어떠하거나 어찌할 따름'이라는 뜻을 나타내는 의존 명사로, 앞말과 띄어 씁니다.

★ 관용어 ★

황소, 쥐

해설 그림은 길을 가다가 의도하지 않았는데 우연히 소매치기를 잡게 된 상황을 표현하고 있습니다. 이런 상황과 어울리는 속담에는 '황소 뒷걸음치다가 쥐 잡는다'가 있습니다. '황소 뒷걸음치다가 쥐 잡는다'는 '어쩌다 우연히 이루거나 알아맞힘을 비유적으로 이르는 말'이라는 뜻을 갖고 있습니다.

★ 한자어 ★

食口(식구), 空間(공간)

정답과 해설 **5**

08회 | 44~46쪽

낱말은 쏙쏙! 생각은 쑥쑥!

★ 그림으로 낱말 찾기 ★
① 달라붙다 ② 강력하다 ③ 자석 ④ 끌어당기다
⑤ 나침반

★ 낱말 뜻 알기 ★
① 알갱이 ② 양쪽 ③ 끌어당기는 ④ 자석, 성질
⑤ 잘못된, 고쳐

★ 낱말 친구 사총사 ★
②

해설 ①, ③, ④에 쓰인 '끌어당겨, 끌어당겼어, 끌어당기는'은 '끌어서 가까이 오게 하다.'라는 뜻으로 사용되었고, ②에 쓰인 '끌어당겨'는 '어떤 쪽으로 남의 마음을 기울게 하다.'라는 뜻으로 사용되었습니다.

★ 연상되는 낱말 찾기 ★
나침반, 자석, 극

★ 짧은 글짓기 ★
• 예 우리팀은 승리를 하기 위해 강력한 공격을 펼쳤다.
• 예 교장 선생님은 어린이들이 안전하게 공부할 수 있도록 낡은 시설을 개선하셨다.
• 예 할머니가 어항 밑에 깔려고 입자가 고운 모래를 구해 오셨다.

낱말 쌈 싸 먹기

★ 맞춤법 ★
극적극적 → 긁적긁적

해설 '긁적긁적[극쩍꼭쩍]'은 '극적극적'으로 잘못 쓰기 쉬운 말입니다. 겹받침 'ㄺ'은 자음 앞에서 [ㄱ]으로 발음이 나므로 글자의 모양과 읽을 때의 소리가 다른 낱말은 틀리기 쉬우므로 바르게 기억하여 둡니다.

★ 띄어쓰기 ★
㉯

해설 '잔'은 '가늘고 작은' 또는 '자질구레한'의 뜻을 더하는 말로, 뒷말과 붙여 씁니다.

★ 관용어 ★
바가지

해설 그림은 집에서 하던 나쁜 습관이 엄마 친구네 집에서도 그대로 나오는 상황을 표현하고 있습니다. 이런 상황과 어울리는 속담에는 '집에서 새는 바가지는 밖에서도 샌다'가 있습니다. '집에서 새는 바가지는 밖에서도 샌다'는 '본바탕이 좋지 아니한 사람은 어디를 가나 그 본색을 드러내고야 만다는 말'이라는 뜻을 갖고 있습니다.

★ 한자어 ★
죽마고우(竹馬故友)

해설 • 죽마고우(竹馬故友) : 대말을 타고 놀던 벗이라는 뜻으로, 어릴 때부터 같이 놀며 자란 벗을 이르는 말.
• 우후죽순(雨後竹筍) : 비가 온 뒤에 여기저기 솟는 죽순이라는 뜻으로, 어떤 일이 한때에 많이 생겨남을 비유적으로 이르는 말.
• 주마간산(走馬看山) : 말을 타고 달리며 산천을 구경한다는 뜻으로, 자세히 살피지 아니하고 대충대충 보고 지나감을 이르는 말.

09회 | 48~50쪽

낱말은 쏙쏙! 생각은 쑥쑥!

★ 그림으로 낱말 찾기 ★
① 지폐 ② 나누다 ③ 과수원 ④ 필산 ⑤ 모나다

★ 낱말 뜻 알기 ★
① 나눗셈 ② 섞인, 분류 ③ 한데, 덩어리 ④ 튀어나온
⑤ 이루게, 갖추어야

★ 낱말 친구 사총사 ★
②

해설 ①, ③, ④에 쓰인 '나누었어, 나누어'는 '여러 가지가 섞인 것을 구분하여 분류하다.'라는 뜻으로 사용되었고, ②에 쓰인 '나눠'는 '말이나 이야기, 인사 등을 주고받다.'라는 뜻으로 사용되었습니다.

★ 연상되는 낱말 찾기 ★
지폐, 과수원, 필산

★ 짧은 글짓기 ★
• 예 특별활동 시간에 우리는 어항 안에 물고기가 잘 살 수 있는 환경 조건을 만들었다.
• 예 점심시간에 나는 모난 상자에 팔을 긁혔다.
• 예 바로 조금 전에 오빠는 알파벳과 숫자가 조합된 암호를 풀었다.

낱말 쌈 싸 먹기

★ 맞춤법 ★
꼼꼼히

해설 '꼼꼼히'는 '꼼꼼이'로 잘못 쓰기 쉬운 말입니다. '꼼꼼하다'처럼 '-하다'가 붙을 때 끝 음절이 'ㅅ' 받침이 아닌 경우는 '히'가 결합하므로 바르게 기억하여 둡니다.

★ 띄어쓰기 ★

㉮

해설 '몰아넣다'는 '몰아서 안으로 들어가게 하다'라는 뜻으로, 붙여서 한 낱말로 씁니다.

★ 관용어 ★

불똥

해설 그림은 집안일 문제로 엄마와 아빠가 다투었는데 그 영향이 아이들한테까지 미치는 상황을 표현하고 있습니다. 이런 상황과 어울리는 관용구에는 '불똥이 튀다'가 있습니다. '불똥이 튀다'는 '재앙이나 화가 미치다.'라는 뜻을 갖고 있습니다.

★ 한자어 ★

科學(과학), 體育(체육)

10회 | 52~54쪽

★ 그림으로 낱말 찾기 ★
① 색상환 ② 섞다 ③ 팔레트 ④ 묻다 ⑤ 수채화

★ 낱말 뜻 알기 ★
① 문장 ② 합치다 ③ 그림물감, 섞기 ④ 가루, 흔적
⑤ 전통, 다섯

★ 낱말 친구 사총사 ★
③

해설 ①, ②, ④에 쓰인 '찍어서, 찍어야, 찍은'은 '점이나 문장 부호 따위를 써넣다.'라는 뜻으로 사용되었고, ③에 쓰인 '찍어'는 '물건의 끝에 가루나 액체 등을 묻히다.'라는 뜻으로 사용되었습니다.

★ 연상되는 낱말 찾기 ★

색상환, 수채화, 기법

★ 짧은 글짓기 ★

• 예 나는 보라색을 만들려고 빨강과 파랑 물감을 섞었다.
• 예 우리는 미술 과제를 하려고 단청에서 오방색을 찾아보았다.
• 예 우리 반 친구들은 수채화의 기법을 배우기 위해 불기, 뿌리기 등 여러 가지 방법으로 그림을 그렸다.

★ 맞춤법 ★

꽹가리 → 꽹과리

해설 '꽹과리'는 '풍물놀이와 무악 따위에 사용하는 타악기의 하나. 놋쇠로 만들어 채로 쳐서 소리를 내는 악기'로 '꽹가리'로 잘못 쓰기 쉬운 말이므로 바르게 기억하여 둡니다.

★ 띄어쓰기 ★

㉮

해설 '결정짓다'는 '어떤 일이 결정되도록 만들다.'라는 뜻으로, 붙여서 하나의 낱말로 씁니다.

★ 관용어 ★

비, 땅

해설 그림은 두 친구가 크게 싸우고 화해한 뒤 더욱 친해져서 항상 붙어 다니는 상황을 표현하고 있습니다. 이런 상황과 어울리는 속담에는 '비 온 뒤에 땅이 굳어진다'가 있습니다. '비 온 뒤에 땅이 굳어진다'는 '비에 젖어 질척거리던 흙도 마르면서 단단하게 굳어진다는 뜻으로, 어떤 시련을 겪은 뒤에 더 강해짐을 비유적으로 이르는 말'이라는 뜻을 갖고 있습니다.

★ 한자어 ★

동병상련(同病相憐)

해설 • 살신성인(殺身成仁) : 자신의 몸을 죽여 인을 이룬다는 뜻으로, 자기의 몸을 희생하여 옳은 도리를 행하는 것을 이르는 말.
• 대동소이(大同小異) : 큰 것이 같고 작은 것이 다르다는 뜻으로, 큰 차이 없이 거의 같음을 이르는 말.
• 동병상련(同病相憐) : 같은 병을 앓는 사람끼리 서로 가엾게 여긴다는 뜻으로, 어려운 처지에 있는 사람끼리 서로 가엾게 여김을 이르는 말.

11회 | 56~58쪽

★ 그림으로 낱말 찾기 ★
① 애걸복걸하다 ② 궤짝 ③ 간판 ④ 흥정 ⑤ 얼얼하다

★ 낱말 뜻 알기 ★
① 스스로 ② 물건, 네모 ③ 감정, 울면서 ④ 해결, 없애
⑤ 알아듣는

★ 낱말 친구 사총사 ★
①

해설 ②, ③, ④에 쓰인 '얼얼한걸, 얼얼해서, 얼얼해'는 '맞거나 부딪치거나 하여 몹시 아린 느낌이 있다.'라는 뜻으로 사용되었고, ①에 쓰인 '얼얼했거'는 '맵거나 독하여 혀끝이 몹시 아리고 쏘는 느낌이 있다.'라는 뜻으로 사용되었습니다.

★ 연상되는 낱말 찾기 ★

흥정, 애걸복걸하다, 간판

★ 짧은 글짓기 ★
- 예 내 동생은 시끄러운 곳에서는 유난히 말귀를 못 알아듣는다.
- 예 선생님께서 놀이공원에서 엄마를 잃어버리고 울부짖는 아이를 달랬다.
- 예 영수는 운동장에서 갈증 해소를 위해 물을 마셨다.

★ 맞춤법 ★
사뿐사뿐

해설 '사뿐사뿐'은 '소리가 나지 아니할 정도로 잇따라 가볍게 발을 내디디며 걷는 모양'으로 '사분사분'으로 잘못 쓰기 쉬운 말이므로 바르게 기억하여 둡니다.

★ 띄어쓰기 ★
㉯

해설 '끼'는 밥을 먹는 횟수를 세는 단위로, 명사이므로 앞말과 띄어 씁니다. '끼니'와 같은 뜻입니다.

★ 관용어 ★
둘

해설 그림은 내일 시험이 더 어려워진다는 것을 생각 못 하고, 오늘 시험 안 보는 사실만 좋아하는 상황을 표현하고 있습니다. 이런 상황과 어울리는 속담에는 '하나만 알고 둘은 모른다'가 있습니다. '하나만 알고 둘은 모른다'는 '사물의 한 측면만 보고 두루 보지 못한다는 뜻으로, 생각이 밝지 못하여 도무지 융통성이 없고 미련하다는 말'이라는 뜻을 갖고 있습니다.

★ 한자어 ★
各國(각국), 平和(평화)

12회 | 60~62쪽

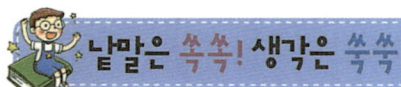

★ 그림으로 낱말 찾기 ★
❶ 호미 ❷ 싸다 ❸ 초가집 ❹ 병풍 ❺ 지게

★ 낱말 뜻 알기 ★
❶ 보고, 조사 ❷ 우리나라, 운반 ❸ 바람, 치는
❹ 음식, 생활 ❺ 평평, 가지런

★ 낱말 친구 사총사 ★
❸

해설 ❶, ❷, ❹에 쓰인 '잇지, 이어서, 잇고'는 '끊어지지 않게 계속하다.'라는 뜻으로 사용되었고, ❸에 쓰인 '잇고'는 '많은 사람이나 물체가 줄을 이루어 서다.'라는 뜻으로 사용되었습니다.

★ 연상되는 낱말 찾기 ★
호미, 싸다, 초가집

★ 짧은 글짓기 ★
- 예 주말에 우리 가족은 고궁을 답사하였다.
- 예 무더운 한낮에 나무꾼이 무거운 지게를 지고 고개를 넘어갔다.
- 예 공사를 시작하기 전에 일꾼들이 땅을 판판하게 골랐다.

★ 맞춤법 ★
눈쌀 → 눈살

해설 '눈'과 '살'이 결합해 이뤄진 '눈살[눈쌀]'은 '눈쌀'로 잘못 쓰기 쉬운 말입니다. 글자의 모양과 읽을 때의 소리가 다른 낱말은 틀리기 쉬우므로 바르게 기억하여 둡니다.

★ 띄어쓰기 ★
㉯

해설 '농사일'은 '농사'와 '일'이 하나로 합쳐져서 쓰이는 낱말입니다.

★ 관용어 ★
싹수

해설 그림은 나이 드신 분도 열심히 일하고 있는데 젊은이가 아무것도 안 하는 모습을 보고 할아버지가 혀를 차는 상황을 표현하고 있습니다. 이런 상황과 어울리는 관용구에는 '싹수가 노랗다'가 있습니다. '싹수가 노랗다'는 '잘될 가능성이나 희망이 애초부터 보이지 아니하다.'라는 뜻을 갖고 있습니다.

★ 한자어 ★
주경야독(晝耕夜讀)

해설
- 일취월장(日就月將) : 날마다 달마다 성장하고 발전한다는 뜻으로, 학업이나 실력이 나날이 다달이 자라거나 발전함을 이르는 말.
- 주경야독(晝耕夜讀) : 낮에는 농사짓고 밤에는 글을 읽는다는 뜻으로, 어려운 여건 속에서도 꿋꿋이 공부함을 이르는 말.
- 일심동체(一心同體) : 한 마음 한 몸이라는 뜻으로, 서로 굳게 결합된 상태를 이르는 말.

13회 | 64~66쪽

낱말은 쏙쏙! 생각은 쏙쏙!

★ 그림으로 낱말 찾기 ★
① 채집하다 ② 번데기 ③ 배다 ④ 더듬이 ⑤ 품다

★ 낱말 뜻 알기 ★
① 새끼 ② 태어나서 ③ 곤충 ④ 널리, 모으다
⑤ 허물, 껍질

★ 낱말 친구 사총사 ★
④

해설 ①, ②, ③에 쓰인 '품은, 품고, 품어'는 '품속에 넣거나 가슴에 대어 안다.'라는 뜻으로 사용되었고, ④에 쓰인 '품고만'은 '생각이나 느낌 등을 마음속에 가지다.'라는 뜻으로 사용되었습니다.

★ 연상되는 낱말 찾기 ★
번데기, 더듬이, 서식지

★ 짧은 글짓기 ★
- 예 나는 배추밭에서 배추흰나비를 채집하였다.
- 예 선생님이 교실에서 나라를 위해 일생을 바친 김구의 이야기를 들려주셨다.
- 예 언니가 창고 구석에서 새끼 밴 고양이를 발견했다.

낱말 쌈 싸 먹기

★ 맞춤법 ★
예닐곱

해설 '예닐곱'은 '6~7'을 나타내는 수사로 '여닐곱'으로 잘못 쓰기 쉬운 말입니다. 그 밖의 어림수를 나타내는 수사는 한두(1~2), 두세(2~3), 두서너(2~4), 서너(3~4), 서너너덧(3~5) 등이 있습니다.

★ 띄어쓰기 ★
㉮

해설 '첫째'는 '가장 먼저인 차례 또는 그런 차례'라는 뜻으로, 뒷말과 띄어 씁니다.

★ 관용어 ★
첫술

해설 그림은 처음 출전한 축구 경기에서 한 골도 넣지 못하여 실망하자 아빠가 잘했다고 격려하는 상황을 표현하고 있습니다. 이런 상황과 어울리는 속담에는 '첫술에 배부르랴'가 있습니다. '첫술에 배부르랴'는 '어떤 일이든지 단번에 만족할 수는 없다는 말'이라는 뜻을 갖고 있습니다.

★ 한자어 ★
國旗(국기), 愛國歌(애국가)

14회 | 68~70쪽

낱말은 쏙쏙! 생각은 쏙쏙!

★ 그림으로 낱말 찾기 ★
① 수목원 ② 괴다 ③ 눌러쓰다 ④ 곧다 ⑤ 단정하다

★ 낱말 뜻 알기 ★
① 모자 ② 똑바르다 ③ 태도, 절차 ④ 오랫동안, 행동
⑤ 뒤섞여, 헝클어져

★ 낱말 친구 사총사 ★
③

해설 ①, ②, ④에 쓰인 '괴고, 괬어'는 '기울어지거나 쓰러지지 않도록 아래를 받쳐 안정시키다.'라는 뜻으로 사용되었고, ③에 쓰인 '괬어'는 '입에 침이 모이거나 눈에 눈물이 어리거나 하다.'라는 뜻으로 사용되었습니다.

★ 연상되는 낱말 찾기 ★
외모, 수목원, 단정하다

★ 짧은 글짓기 ★
- 예 누리는 몸과 마음이 단정해서 언제 어디서나 예절을 잘 지킨다.
- 예 나는 어머니께 꾸지람을 듣고 나서 아침에 책가방을 챙기는 나쁜 습관을 고쳤다.
- 예 연예인들은 사람들이 알아볼까 봐 모자를 눌러쓰고 다닌다.

낱말 쌈 싸 먹기

★ 맞춤법 ★
아람드리 → 아름드리

해설 '아름드리'는 '둘레가 한 아름이 넘는 것을 나타내는 말'로 '아람드리'로 잘못 쓰기 쉬운 말이므로 바르게 기억하여 둡니다.

★ 띄어쓰기 ★
㉮

해설 '줄어들다'는 '부피나 분량 따위가 본디보다 작아지거나 짧아지거나 적어지다.'라는 뜻으로, 붙여서 하나의 낱말로 씁니다.

★ 관용어 ★
티

해설 그림은 작품성 있는 텔레비전 사극을 보다가 작품 속 인물이 손목에 시계를 차고 있는 것을 발견한 상황을 표현하고 있습니다. 이런 상황과 어울리는 속담에는 '옥에 티'가 있습니다. '옥에 티'는 '나무랄 데 없이 훌륭하거나 좋은 것에 있는 사소한 흠을 이르는 말'이라는 뜻을 갖고 있습니다.

★ 한자어 ★

이열치열(以熱治熱)

해설
- 산전수전(山戰水戰) : 산에서도 싸우고 물에서도 싸웠다는 뜻으로, 세상의 온갖 고생과 어려움을 다 겪었음을 이르는 말.
- 이심전심(以心傳心) : 마음에서 마음으로 전한다는 뜻으로, 마음과 마음으로 서로 뜻이 통함을 이르는 말.
- 이열치열(以熱治熱) : 열은 열로써 다스린다는 뜻으로, 열이 날 때에 땀을 낸다든지, 더위를 뜨거운 차를 마셔서 이긴다든지, 힘은 힘으로 물리친다는 따위를 이를 때에 흔히 쓰는 말.

15회 | 72~74쪽

★ 그림으로 낱말 찾기 ★
① 맨손체조 ② 전달하다 ③ 배턴 ④ 결승선 ⑤ 앞지르다

★ 낱말 뜻 알기 ★
① 다음, 막대기 ② 먼저 ③ 결승, 가로 ④ 물건, 전하여
⑤ 활동, 질병

★ 낱말 친구 사총사 ★
④

해설 ①, ②, ③에 쓰인 '풀었어, 풀어야, 풀어라'는 '긴장된 상태를 부드럽게 하다.'라는 뜻으로 사용되었고, ④에 쓰인 '풀어'는 '금지되거나 제한된 것을 할 수 있도록 터놓다.'라는 뜻으로 사용되었습니다.

★ 연상되는 낱말 찾기 ★
맨손체조, 이어달리기, 무리하다

★ 짧은 글짓기 ★
- 예 형은 방학 동안 매일 운동하면서 체력을 길렀다.
- 예 나는 2교시 수업 때 단짝 민희에게 비밀 편지를 전달하였다.
- 예 우리 반 아이들은 체육 시간에 4조로 나뉘어 이어달리기를 했다.

★ 맞춤법 ★
족집게

해설 'ㅖ'가 들어가는 글자는 혼동하기 쉽습니다. 'ㅖ'를 'ㅐ'로 잘못 쓰지 않도록 주의합니다.

★ 띄어쓰기 ★
㉮

해설 '가만가만'은 '움직임 따위가 드러나지 않도록 조용조용'이라는 뜻으로, 붙여서 하나의 낱말로 씁니다.

★ 관용어 ★
얼굴

해설 그림은 염치없이 날마다 친구에게 숙제를 보여 달라고 하는 상황을 표현하고 있습니다. 이런 상황과 어울리는 관용구에는 '얼굴이 두껍다'가 있습니다. '얼굴이 두껍다'는 '부끄러움을 모르고 염치가 없다.'라는 뜻을 갖고 있습니다.

★ 한자어 ★
東洋(동양), 公園(공원)

16회 | 76~78쪽

★ 그림으로 낱말 찾기 ★
① 울창하다 ② 사냥 ③ 산신령 ④ 손꼽다 ⑤ 엿보다

★ 낱말 뜻 알기 ★
① 윗사람 ② 빠져, 조금 ③ 나무, 푸르다 ④ 손가락
⑤ 행동, 몰래

★ 낱말 친구 사총사 ★
④

해설 ①, ②, ③에 쓰인 '손꼽으며, 손꼽아'는 '손가락을 하나씩 고부리며 수를 헤아리다.'라는 뜻으로 사용되었고, ④에 쓰인 '손꼽을'은 '많은 가운데 다섯 손가락 안에 들 만큼 뛰어나거나 그 수가 적다.'라는 뜻으로 사용되었습니다.

★ 연상되는 낱말 찾기 ★
산신령, 사냥, 벌판

★ 짧은 글짓기 ★
- 예 엄마는 아이가 안쓰러워서 야윈 볼을 쓰다듬어 주셨다.
- 예 돌쇠는 은혜에 보답코저 주인마님을 정성껏 섬겼다.
- 예 소년은 가슴이 답답해서 말을 타고 벌판을 달렸다.

★ 맞춤법 ★
외토리 → 외톨이

 '외톨이'는 '매인 데도 없고 의지할 데도 없는 홀몸.'이라는 뜻으로 '외토리'로 잘못 쓰기 쉬운 말이므로 바르게 기억하여 둡니다.

★ 띄어쓰기 ★

㉮

 '술'은 밥 따위의 음식물을 숟가락으로 떠 그 분량을 세는 단위로, 앞말과 띄어 씁니다.

★ 관용어 ★

쥐구멍

 그림은 짝이 있는 커플을 부러워하면서, 언젠가 자기들에게도 좋은 날이 올 것이라고 생각하는 상황을 표현하고 있습니다. 이런 상황과 어울리는 속담에는 '쥐구멍에도 볕 들 날 있다'가 있습니다. '쥐구멍에도 볕 들 날 있다'는 '몹시 고생을 하는 삶도 좋은 운수가 터질 날이 있다.'는 뜻을 갖고 있습니다.

★ 한자어 ★

천군만마(千軍萬馬)

- 군만마(千軍萬馬) : 천 명의 군사와 만 마리의 군마라는 뜻으로, 썩 많은 군사와 말을 이르는 말.
- 유유상종(類類相從) : 사물은 같은 무리끼리 따르고 같은 사람은 서로 찾아 모인다는 뜻으로, 같은 무리끼리 서로 사귐을 이르는 말.
- 백발백중(百發百中) : 백 번 쏘아 백 번 맞힌다는 뜻으로, 무슨 일이나 틀림없이 잘 들어맞음을 뜻하는 말.

17회 | 80~82쪽

★ 그림으로 낱말 찾기 ★

❶ 화로 ❷ 식히다 ❸ 도구 ❹ 가마솥 ❺ 갈다

★ 낱말 뜻 알기 ★

❶ 더운 ❷ 물건, 간직 ❸ 연장 ❹ 따뜻, 숯불
❺ 훌륭한, 사람

★ 낱말 친구 사총사 ★

❷

 ❶, ❸, ❹에 쓰인 '갈아서, 갈, 갈아'는 '잘게 부수기 위하여 단단한 물건에 대고 문지르거나 단단한 물건 사이에 넣어 으깨다.'라는 뜻으로 사용되었고, ❷에 쓰인 '갈았어'는 '이미 있는 사물을 다른 것으로 바꾸다.'라는 뜻으로 사용되었습니다.

★ 연상되는 낱말 찾기 ★

가마솥, 유적, 화로

★ 짧은 글짓기 ★

- 예 우리는 독립기념관에서 독립 운동가의 뜻을 기렸다.
- 예 일꾼들이 공사 현장에서 선사 시대 유적을 발견했다.
- 예 엄마가 장롱에서 이제까지 보관하고 있던 내 돌 반지를 모두 꺼냈다.

낱말 쌈 싸 먹기

★ 맞춤법 ★

움츠리지

 '움츠리다'는 '몸이나 몸의 일부를 몹시 오그리어 작아지게 하다.'는 뜻으로 '움추리다'로 잘못 쓰기 쉬운 말이므로 바르게 기억하여 둡니다.

★ 띄어쓰기 ★

㉯

 '적'은 그 동작이 진행되거나 그 상태가 나타나 있는 때, 또는 지나간 어떤 때를 나타내는 의존명사로, 앞말과 띄어 씁니다.

★ 관용어 ★

감초

 그림은 한 아이가 친구들의 일에 빠지지 않고 끼어들며 참견하는 상황을 표현하고 있습니다. 이런 상황과 어울리는 속담에는 '약방에 감초'가 있습니다. '약방에 감초'는 '한약에 감초를 넣는 경우가 많아 한약방에 감초가 반드시 있다는 데서, 어떤 일에나 빠짐없이 끼어드는 사람 또는 어느 곳이나 꼭 있어야 할 물건을 비유적으로 이르는 말'이라는 뜻을 갖고 있습니다.

★ 한자어 ★

同時(동시), 出生(출생)

18회 | 84~86쪽

★ 그림으로 낱말 찾기 ★

❶ 겹치다 ❷ 직사각형 ❸ 직각삼각형 ❹ 긋다 ❺ 조각

★ 낱말 뜻 알기 ★

❶ 이용 ❷ 만나는 ❸ 중심, 움직이게 ❹ 떼어, 작은
❺ 직각, 길이

★ 낱말 친구 사총사 ★

❸

 ❶, ❷, ❹에 쓰인 '돌렸을, 돌리면서, 돌려'는 '무엇을 중심으로 하여 원을 그리며 움직이게 하다.'라는 뜻으로 사용되었고, ❸에 쓰인 '돌렸

'어'는 '어떤 물건을 나누어 주거나 배달하다.'라는 뜻으로 사용되었습니다.

★ 연상되는 낱말 찾기 ★

긋다, 직각삼각형, 겹치다

★ 짧은 글짓기 ★

- 예 좀 전에 동생이 정사각형 모양의 종이를 반으로 접었다.
- 예 저녁 때 엄마가 남은 반찬으로 비빔밥을 해 주셨다.
- 예 아침부터 짝꿍이 넘어오지 말라면서 책상 한가운데에 경계선을 그었다.

낱말 쌈 싸 먹기

★ 맞춤법 ★

어름장 → 으름장

해설 '으름장'은 '말과 행동으로 위협하는 짓'으로 '어름장'으로 잘못 쓰기 쉬운 말이므로 바르게 기억하여 둡니다.

★ 띄어쓰기 ★

㉮

해설 단위를 나타내는 말 앞에 쓰이는 '두어'는 그 수량이 둘쯤임을 나타내는 말로, 뒷말과 띄어 씁니다.

★ 관용어 ★

숲

해설 그림은 도심 한복판에 빌딩들이 즐비하게 늘어선 것을 보며 시골 아이가 놀라워하는 상황을 표현하고 있습니다. 이런 상황과 어울리는 관용구에는 '숲을 이루다'가 있습니다. '숲을 이루다'는 '많은 것이 빽빽이 들어서 있다.'라는 뜻을 갖고 있습니다.

★ 한자어 ★

감언이설(甘言利說)

해설
- 동문서답(東問西答) : 동쪽을 묻는 데 서쪽을 대답한다는 뜻으로, 묻는 말에 대하여 전혀 엉뚱한 대답을 함을 이르는 말.
- 감언이설(甘言利說) : 달콤한 말과 이로운 이야기라는 뜻으로, 귀가 솔깃하도록 남의 비위를 맞추거나 이로운 조건을 내세워 꾀는 말을 이르는 말.
- 선견지명(先見之明) : 앞을 내다보는 지혜라는 뜻으로, 어떤 일이 일어나기 전에 미리 앞으로 일어날 일을 예측하는 지혜로움을 이르는 말.

19회 | 88~90쪽

낱말은 쏙쏙! 생각은 쑥쑥!

★ 그림으로 낱말 찾기 ★

❶ 효도 ❷ 화목하다 ❸ 고함 ❹ 대들다 ❺ 어지르다

★ 낱말 뜻 알기 ★

❶ 크게, 소리 ❷ 용기, 북돋게 ❸ 반항, 맞서서
❹ 가족, 정답다 ❺ 정돈, 늘어놓아

★ 낱말 친구 사총사 ★

❹

해설 ❶, ❷, ❸에 쓰인 '챙기는, 챙겨, 챙기라고'는 '남을 잘 보살피다.'라는 뜻으로 사용되었고, ❹에 쓰인 '챙기는'은 '필요한 것을 갖추다.'라는 뜻으로 사용되었습니다.

★ 연상되는 낱말 찾기 ★

효도, 가족회의, 우애

★ 짧은 글짓기 ★

- 예 선생님께서 시험 잘 보라고 우리들을 격려해 주셨다.
- 예 아빠는 화목한 가정을 만들기 위해 요리를 배우셨다.
- 예 우리 형제는 부모님이 일찍 돌아가셔서 남다른 우애를 지니고 있다.

낱말 쌈 싸 먹기

★ 맞춤법 ★

이파리

해설 '이파리'는 '나무나 풀의 살아 있는 낱 잎'으로 '잎파리'로 잘못 쓰기 쉬운 말이므로 바르게 기억하여 둡니다.

★ 띄어쓰기 ★

㉯

해설 '잊어버리다'는 '기억하여 두어야 할 것을 한순간 전혀 생각하여 내지 못하다'라는 뜻으로, 붙여서 하나의 낱말로 씁니다.

★ 관용어 ★

제, 조상

해설 그림은 달리기에서 꼴등을 한 아이가 그 책임을 엄마한테 돌리는 상황을 표현하고 있습니다. 이런 상황과 어울리는 속담에는 '잘되면 제 탓 못되면 조상 탓'이 있습니다. '잘되면 제 탓 못되면 조상 탓'은 '일이 안될 때 그 책임을 남에게 돌리는 태도를 비유적으로 이르는 말'이라는 뜻을 갖고 있습니다.

★ 한자어 ★

童心(동심), 生氣(생기)

20회 | 92~94쪽

★ 그림으로 낱말 찾기 ★
① 풍물놀이 ② 채편 ③ 징 ④ 치다 ⑤ 흥겹다

★ 낱말 뜻 알기 ★
① 방법 ② 장구, 오른쪽 ③ 리듬, 능력 ④ 고개, 이쪽저쪽
⑤ 악보, 연주

★ 낱말 친구 사총사 ★
②

해설 '리듬악기'는 리듬에 대한 감각이나 능력을 기르기 위하여 쓰는 악기를 뜻하는 말입니다. 탬버린, 트라이앵글, 캐스터네츠, 큰북, 작은북 등이 리듬악기에 속합니다.

★ 연상되는 낱말 찾기 ★
풍물놀이, 징, 흥겹다

★ 짧은 글짓기 ★
• 예 요즘 오빠는 기타 주법을 익히고 있다.
• 예 해질 무렵 할아버지가 동네를 기웃거리는 사람을 신고 했다.
• 예 동네 행사 때 농악대가 흥겹게 장구를 쳤다.

★ 맞춤법 ★
오지랍 → 오지랖

해설 '오지랖'은 '웃옷이나 윗도리에 입는 겉옷의 앞자락'으로 '오지랍'으로 잘못 쓰기 쉬운 말입니다. '오지랖이 넓다'는 '쓸데없이 지나치게 아무 일에나 참견하는 면이 있다'는 뜻이므로 바르게 기억하여 둡니다.

★ 띄어쓰기 ★
㉯

해설 '차디차다'는 '매우 차다.'라는 뜻으로, 붙여서 하나의 낱말로 씁니다.

★ 관용어 ★
까마귀, 배

해설 그림은 야구공을 맞아 깨진 유리창 옆을 지나갈 때 주인 아저씨가 나와서 유리창을 깼다고 오해받는 상황을 표현하고 있습니다. 이런 상황과 어울리는 속담에는 '까마귀 날자 배 떨어진다'가 있습니다. '까마귀 날자 배 떨어진다'는 '아무 관계없이 한 일이 공교롭게도 때가 같아 어떤 관계가 있는 것처럼 의심을 받게 됨을 비유적으로 이르는 말'이라는 뜻을 갖고 있습니다.

★ 한자어 ★
금지옥엽(金枝玉葉)

해설
• 결초보은(結草報恩) : 풀을 묶어서 은혜를 갚는다는 뜻으로, 죽은 뒤에라도 은혜를 잊지 않고 갚음을 이르는 말.
• 일사천리(一瀉千里) : 강물이 빨리 흘러 천 리를 간다는 뜻으로, 어떤 일이 거침없이 빨리 진행됨을 이르는 말.
• 금지옥엽(金枝玉葉) : 금으로 된 가지와 옥으로 된 잎이라는 뜻으로, 임금의 가족이나 귀한 자손을 이르는 말.

21회 | 96~98쪽

★ 그림으로 낱말 찾기 ★
① 꼬이다 ② 무치다 ③ 조립 ④ 반죽 ⑤ 다지다

★ 낱말 뜻 알기 ★
① 한곳 ② 부품 ③ 놀리, 올리 ④ 양념, 뒤섞다
⑤ 칼질, 잘게

★ 낱말 친구 사총사 ★
④

해설 ①, ②, ③에 쓰인 '가리자, 가렸어, 가리기'는 '여럿 가운데서 하나를 구별하여 고르다.'라는 뜻으로 사용되었고, ④에 쓰인 '가렸어'는 '보이거나 통하지 못하도록 막다.'라는 뜻으로 사용되었습니다.

★ 연상되는 낱말 찾기 ★
꼬이다, 반죽, 벌칙

★ 짧은 글짓기 ★
• 예 나는 백화점에서 동생을 꼬이다가 엄마에게 야단을 맞았다.
• 예 낚시꾼이 낚시터에서 꼬인 낚싯줄을 풀었다.
• 예 아빠가 마당에서 책상다리에 못을 박아 고정을 시켰다.

★ 맞춤법 ★
윽박지렀다

해설 '윽박지르다'는 '심하게 짓눌러 기를 꺾다.'라는 뜻으로 '욱박지르다'로 잘못 쓰기 쉬운 말이므로 바르게 기억하여 둡니다.

★ 띄어쓰기 ★
㉮

해설 '되'는 부피의 단위를 말하는 의존명사로, 앞말과 띄어 씁니다.

★ 관용어 ★

눈

해설 그림은 평소에 약속을 지키지 않아서 친구들에게 신용을 잃어 대화에 끼지 못하는 상황을 표현하고 있습니다. 이런 상황과 어울리는 관용구에는 '눈 밖에 나다'가 있습니다. '눈 밖에 나다'는 '신임을 잃고 미움을 받게 되다.'라는 뜻을 갖고 있습니다.

★ 한자어 ★

女王(여왕), 登場(등장)

22회 | 100~102쪽

★ 그림으로 낱말 찾기 ★

① 도포 ② 유물 ③ 견학하다 ④ 베틀 ⑤ 짓다

★ 낱말 뜻 알기 ★

① 자손 ② 기념, 거저 ③ 기술, 전하여 ④ 보고, 지식
⑤ 남자, 소매

★ 낱말 친구 사총사 ★

④

해설 ①, ②, ③에 쓰인 '지어, 짓고, 지은'은 '재료를 들여 밥, 옷, 집 등을 만들다.'라는 뜻으로 사용되었고, ④에 쓰인 '짓고'는 '어떤 표정이나 태도 등을 얼굴이나 몸에 나타내다.'라는 뜻으로 사용되었습니다.

★ 연상되는 낱말 찾기 ★

유물, 베틀, 전시되다

★ 짧은 글짓기 ★

• 예 사촌형이 작아진 옷을 나에게 물려주었다.
• 예 엄마가 그림책을 도서관에 기증하셨다.
• 예 우리는 깨끗한 자연을 후손들에게 물려주어야 한다.

★ 맞춤법 ★

일찌기 → 일찍이

해설 '일찍이'는 '일찌기'로 잘못 쓰기 쉬운 말입니다. '일찍이'는 '일찍'에 접미사 '-이'가 붙어서 된 부사로 그 형태를 밝혀서 적기 때문에 바르게 기억하여 둡시다.

★ 띄어쓰기 ★

㉯

해설 '턱'은 마땅히 그리하여야 할 까닭이나 이치를 뜻하는 의존명사로, 앞말과 띄어 씁니다.

★ 관용어 ★

벼 이삭

해설 그림은 어려운 수학 문제를 척척 푼 아이가 칭찬을 듣고 우쭐해지지 않고 겸손해하는 상황을 표현하고 있습니다. 이런 상황과 어울리는 속담에는 '벼 이삭은 익을수록 고개를 숙인다'가 있습니다. '벼 이삭은 익을수록 고개를 숙인다'는 '교양이 있고 수양을 쌓은 사람일수록 겸손하고 남 앞에서 자기를 내세우려 하지 않는다는 것을 비유적으로 이르는 말'이라는 뜻을 갖고 있습니다.

★ 한자어 ★

역지사지(易地思之)

해설 • 일구이언(一口二言) : 한 입으로 두 말을 한다는 뜻으로, 한 가지 일에 대하여 말을 이랬다저랬다 함을 이르는 말.
• 역지사지(易地思之) : 처지를 서로 바꾸어 생각한다는 뜻으로, 상대방의 처지에서 생각해 봄을 이르는 말.
• 일편단심(一片丹心) : 한 조각의 붉은 마음이라는 뜻으로, 진심에서 우러나오는 변치 아니하는 마음을 이르는 말.

23회 | 104~106쪽

★ 그림으로 낱말 찾기 ★

① 상상 ② 배치하다 ③ 쌓다 ④ 초상화 ⑤ 관찰하다

★ 낱말 뜻 알기 ★

① 얼굴 ② 운동감 ③ 간격 ④ 경험, 마음속
⑤ 나무, 새기고

★ 낱말 친구 사총사 ★

④

해설 ①, ②, ③에 쓰인 '발라, 바른, 바르고'는 '물이나 풀, 약, 화장품 등을 물체의 표면에 문질러 묻히다.'라는 뜻으로 사용되었고, ④에 쓰인 '바르게'는 '겉으로 보기에 비뚤어지거나 굽은 데가 없다.'라는 뜻으로 사용되었습니다.

★ 연상되는 낱말 찾기 ★

쌓다, 초상화, 관찰하다

★ 짧은 글짓기 ★

• 예 현결이는 잠자리에서 하늘을 나는 상상을 해 보았다.
• 예 선생님께서는 교실 뒤에서 판화를 감상하셨다.
• 예 나는 방에서 거울을 보면서 자화상을 그렸다.

낱말 쌈 싸 먹기

★ 맞춤법 ★
존댓말

해설 '존댓말'은 '존대말'로 잘못 쓰기 쉬운 말입니다. '존댓말'은 사이시옷 규정에 따라 'ㄴ' 받침을 덧붙여 발음하므로 표기에 'ㅅ'을 쓰기 때문에 바르게 기억하여 둡니다.

★ 띄어쓰기 ★
㉯

해설 '웬'은 '어찌 된'이라는 뜻을 나타내는 말로, 뒷말과 띄어 씁니다.

★ 관용어 ★
수염, 양반

해설 그림은 점잖게 생긴 어른이 배가 고파서 체면도 생각하지 않고 음식을 게걸스럽게 먹는 상황을 표현한 것입니다. 이런 상황과 어울리는 속담에는 '수염이 석 자라도 먹어야 양반'이 있습니다. '수염이 석 자라도 먹어야 양반'은 '배가 불러야 체면도 차릴 수 있다는 뜻으로, 먹는 것이 중요함을 비유적으로 이르는 말'이라는 뜻을 갖고 있습니다.

★ 한자어 ★
生活(생활), 形便(형편)

24회 | 108~110쪽

낱말은 쏙쏙! 생각은 쑥쑥!

★ 그림으로 낱말 찾기 ★
❶ 내밀다 ❷ 단짝 ❸ 사과 ❹ 감동하다 ❺ 맞장구

★ 낱말 뜻 알기 ★
❶ 가깝 ❷ 마음 ❸ 덩달아 ❹ 잘못, 타이름 ❺ 어색

★ 낱말 친구 사총사 ★
❹

해설 ❶, ❷, ❸에 쓰인 '감싸, 감쌀'은 '흉이나 허물을 덮어 주다.'라는 뜻으로 사용되었고, ❹에 쓰인 '감싸'는 '전체를 둘러서 싸다.'라는 뜻으로 사용되었습니다.

★ 연상되는 낱말 찾기 ★
단짝, 사과, 내밀다

★ 짧은 글짓기 ★
• 예 임금님은 나라를 잘 다스리기 위해 신하들의 충고를 귀담아 들었다.
• 예 나는 서먹서먹해서 연신 물을 마셨다.

• 예 우리는 우정을 돈독하게 하려고 편지를 주고받기로 약속했다.

낱말 쌈 싸 먹기

★ 맞춤법 ★
찐드기 → 진드기

해설 '진드기'는 '진드깃과의 절지동물을 통틀어 이르는 말'로 '찐드기'로 잘못 쓰기 쉬운 말이므로 바르게 기억하여 둡니다.

★ 띄어쓰기 ★
㉯

해설 '달라붙다'는 '끈기 있게 찰싹 붙다.'라는 뜻으로, 붙여서 하나의 낱말로 씁니다.

★ 관용어 ★
기름

해설 그림은 두 아이가 함께 어울려 놀지 못하고 각자 따로 노는 상황을 표현하고 있습니다. 이런 상황과 어울리는 관용구에는 '물 위의 기름'이 있습니다. '물 위의 기름'은 '서로 어울리지 못하여 겉도는 사이'라는 뜻을 갖고 있습니다.

★ 한자어 ★
진퇴양난(進退兩難)

해설 • 진퇴양난(進退兩難) : 나아갈 수도 물러설 수도 없는 궁지에 빠졌다는 뜻으로, 이러지도 저러지도 못하는 어려운 처지를 이르는 말.
• 학수고대(鶴首苦待) : 학처럼 목을 길게 빼고 기다린다는 뜻으로, 몹시 기다림을 이르는 말.
• 십중팔구(十中八九) : 열 가운데 여덟이나 아홉이라는 뜻으로, 거의 대부분이거나 거의 틀림없음을 이르는 말.

25회 | 112~114쪽

낱말은 쏙쏙! 생각은 쑥쑥!

★ 그림으로 낱말 찾기 ★
❶ 축이다 ❷ 끌리다 ❸ 낚아채다 ❹ 허우적거리다
❺ 옥신각신

★ 낱말 뜻 알기 ★
❶ 가만히 ❷ 마주 ❸ 다툼 ❹ 잡아당기다
❺ 태도, 예사롭다

★ 낱말 친구 사총사 ★
❸

해설 ①, ②, ④에 쓰인 '끌려, 끌릴, 끌리는'은 '바닥에 놓인 채로 잡아당겨지다.'라는 뜻으로 사용되었고, ③에 쓰인 '끌리더라'는 '눈길이나 관심 등이 쏠리다.'라는 뜻으로 사용되었습니다.

★ 연상되는 낱말 찾기 ★
핑계, 축이다, 허우적거리다

★ 짧은 글짓기 ★
- 예 학급회의 시간에 반장이 부반장에게 넌지시 쪽지를 건네주었다.
- 예 사이렌이 울렸을 때 아들은 엄마의 태연한 모습을 보고 마음을 놓았다.
- 예 가족회의 때 동생은 사실대로 말하지 않고 자꾸 핑계를 댔다.

낱말 쌈 싸 먹기

★ 맞춤법 ★
지푸라기

해설 '지푸라기'는 '짚푸라기'로 잘못 쓰기 쉬운 말입니다. '지푸라기'는 '짚+으라기'의 구조로 이루어진 말로, '짚'에 결합한 말이 '-이'가 아니므로 명사의 형태를 밝히지 않고 발음 형태에 따라 '지푸라기'로 표기하기 때문에 바르게 기억하여 둡니다.

★ 띄어쓰기 ★
㉮

해설 '거침없이'는 '일이나 행동 따위가 중간에 걸리거나 막힘이 없이'라는 뜻으로, 붙여서 하나의 낱말로 씁니다.

★ 관용어 ★
하늘, 돕는다

해설 그림은 시험에서 '전 과목 80점 이상'이라는 목표를 위해 아이가 열심히 노력하는 상황을 표현하고 있습니다. 이런 상황과 어울리는 속담에는 '하늘은 스스로 돕는 자를 돕는다'가 있습니다. '하늘은 스스로 돕는 자를 돕는다'는 '하늘은 스스로 노력하는 사람을 성공하게 만든다는 뜻으로, 어떤 일을 이루기 위해서는 자신의 노력이 중요함을 이르는 말'이라는 뜻을 갖고 있습니다.

★ 한자어 ★
問題(문제), 分母(분모)

26회 | 116~118쪽

★ 그림으로 낱말 찾기 ★
❶ 비구름 ❷ 대비하다 ❸ 일기예보 ❹ 백엽상 ❺ 우량계

★ 낱말 뜻 알기 ★
❶ 날씨, 나쁘다 ❷ 날씨, 예측 ❸ 앞으로, 준비
❹ 공기, 온도계 ❺ 조그만

★ 낱말 친구 사총사 ★
❹

해설 ①, ②, ③에 쓰인 '갰어, 개서, 개야'는 '흐리거나 궂은 날씨가 맑아지다.'라는 뜻으로 사용되었고, ❹에 쓰인 '개는'은 '옷이나 이부자리 등을 겹치거나 접어서 단정하게 포개다.'라는 뜻으로 사용되었습니다.

★ 연상되는 낱말 찾기 ★
홍수, 일기예보, 우량계

★ 짧은 글짓기 ★
- 예 봄부터 마을 사람들은 홍수에 대비해서 둑을 쌓았다.
- 예 새벽에 기온이 내려가자 엄마가 방에 불을 넣었다.
- 예 집을 나서자마자 나그네는 비구름 낀 하늘을 걱정스럽게 올려다보았다.

낱말 쌈 싸 먹기

★ 맞춤법 ★
초생달 → 초승달

해설 '초승달'은 '초생달'로 잘못 쓰기 쉬운 말입니다. '초승달'은 '初生(초생)'에 '달'이 더해진 말인데, 발음이 변화하여 된 것입니다. 한자말 '生(생)'은 우리말에서 더러 '승'으로 소리가 변합니다. '이生'이 변한 말 '이승'과 '저生'이 변한 말 '저승'이 그런 예이므로 바르게 기억하여 둡니다.

★ 띄어쓰기 ★
㉯

해설 이 문장에서 '뿐'은 '그것만이고 더는 없음' 또는 '오직 그렇게 하거나 그러하다는 것'을 나타내는 조사로, 앞말에 붙여 씁니다.

★ 관용어 ★
피, 살

해설 그림은 캠프에서 손수 밥을 해 먹는 게 힘들다고 투덜대자, 선생님이 그러한 경험이 다 삶에 도움이 된다고 말하는 상황을 표현하고 있습니다. 이런 상황과 어울리는 관용구에는 '피가 되고 살이 되다'가 있습니다. '피가 되고 살이 되다'는 '큰 도움이 되다.'라는 뜻을 갖고 있습니다.

★ 한자어 ★
금의환향(錦衣還鄕)

해설
- 노심초사(勞心焦思) : 마음을 수고롭게 하고 생각을 너무 깊게 한다는 뜻으로, 몹시 마음을 쓰며 애를 태움을 이르는 말.
- 금상첨화(錦上添花) : 비단 위에 꽃을 더한다는 뜻으로, 좋은 일 위에 또 좋은 일이 더하여짐을 비유적으로 이르는 말.
- 금의환향(錦衣還鄉) : 비단옷을 입고 고향에 돌아온다는 뜻으로, 출세를 하여 고향에 돌아가거나 돌아옴을 비유적으로 이르는 말.

★ 관용어 ★

땀

해설 그림은 축구 경기에서 한 골로 승부가 나는 승부차기를 보면서 몹시 조마조마해 하는 상황을 표현하고 있습니다. 이런 상황과 어울리는 관용구에는 '손에 땀을 쥐다'가 있습니다. '손에 땀을 쥐다'는 '아슬아슬하여 마음이 조마조마하도록 몹시 애달다.'라는 뜻을 갖고 있습니다.

★ 한자어 ★

人物(인물), 內面(내면)

27회 | 120~122쪽

★ 그림으로 낱말 찾기 ★
❶ 확인하다 ❷ 거리 ❸ 전망대 ❹ 정상 ❺ 등산하다

★ 낱말 뜻 알기 ★
❶ 꼭대기 ❷ 시간 ❸ 거리 ❹ 직선 ❺ 장소, 길이

★ 낱말 친구 사총사 ★
❷

해설 ❶, ❸, ❹에 쓰인 '떨어져, 떨어진, 떨어져서'는 '일정한 거리를 두고 있다.'라는 뜻으로 사용되었고, ❷에 쓰인 '떨어지지'는 '병이나 습관 등이 없어지다.'라는 뜻으로 사용되었습니다.

★ 연상되는 낱말 찾기 ★
등산하다, 전망대, 확인하다

★ 짧은 글짓기 ★
- 예 역무원이 플랫폼에서 기차 출발 시각을 확인했다.
- 예 나는 복도에서 교실 앞문과 뒷문 사이의 거리를 재어 보았다.
- 예 등산객들이 산 정상에서 야호를 외쳤다.

★ 맞춤법 ★

천장

해설 '천장'은 '천정'으로 잘못 쓰기 쉬운 말입니다. '천장'은 원래 '天井(천정)'이라는 한자말에서 온 것이지만, 점차 그 본래의 한자음을 사용하지 않게 된 것이기 때문에 바르게 기억하여 둡니다.

★ 띄어쓰기 ★
㉯

해설 '밀짚모자'는 '밀짚'과 '모자'가 하나로 합쳐져서 쓰이는 낱말로 붙여 씁니다.

28회 | 124~126쪽

★ 그림으로 낱말 찾기 ★
❶ 초시계 ❷ 가르다 ❸ 준비운동 ❹ 발차기 ❺ 뜨다

★ 낱말 뜻 알기 ★
❶ 줄이다 ❷ 수영, 다리 ❸ 양옆 ❹ 운동, 가벼운
❺ 저항, 곡선

★ 낱말 친구 사총사 ★
❸

해설 ❶, ❷, ❹에 쓰인 '가르며, 가르면서'는 '물체가 공기나 물을 양옆으로 열며 움직이다.'라는 뜻으로 사용되었고, ❸에 쓰인 '갈라서'는 '쪼개거나 나누어 따로따로 되게 하다.'라는 뜻으로 사용되었습니다.

★ 연상되는 낱말 찾기 ★
초시계, 경쟁하다, 뜨다

★ 짧은 글짓기 ★
- 예 우리는 바닷물에 들어가기 전에 준비운동을 하였다.
- 예 어린이들이 수영 시간 내내 발차기 연습을 하였다.
- 예 우리 반은 오늘 단축 수업을 했다.

★ 맞춤법 ★

횟바람 → 휘파람

해설 '휘파람'은 '입술을 좁게 오므리고 혀끝으로 입김을 불어서 맑게 내는 소리'로 '횟바람'으로 잘못 쓰기 쉬운 말이기 때문에 바르게 기억하여 둡니다.

★ 띄어쓰기 ★
㉯

정답과 해설 **17**

해설 '째'는 '그대로' 또는 '전부'의 뜻을 더하는 말로, 앞말에 붙여 씁니다.

★ 관용어 ★

선무당

해설 그림은 제대로 손가락을 딸 줄 모르는 아이가 친구 손가락을 바늘로 잘못 찔러서 친구가 아파하는 상황을 표현하고 있습니다. 이런 상황과 어울리는 속담에는 '선무당이 사람 잡는다'가 있습니다. '선무당이 사람 잡는다'는 '의술에 서투른 사람이 치료해 준다고 하다가 사람을 죽이기까지 한다는 뜻으로, 능력이 없어서 제구실을 못하면서 함부로 하다가 큰일을 저지르게 됨을 비유적으로 이르는 말.'이라는 뜻을 갖고 있습니다.

★ 한자어 ★

대기만성(大器晚成)

해설 • 대기만성(大器晚成) : 큰 그릇을 만드는 데는 시간이 오래 걸린다는 뜻으로, 크게 될 사람은 늦게 이루어짐을 이르는 말.
• 동고동락(同苦同樂) : 괴로움과 즐거움을 함께 한다는 뜻으로, 같이 고생하고 같이 즐기는 것을 이르는 말.
• 결자해지(結者解之) : 일을 맺은 사람이 풀어야 한다는 뜻으로, 일을 저지른 사람이 그 일을 해결해야 함을 이르는 말.

29회 | 128~130쪽

★ 그림으로 낱말 찾기 ★
① 자욱하다 ② 바느질 ③ 꾸리다 ④ 타이르다 ⑤ 이부자리

★ 낱말 뜻 알기 ★
① 거절 ② 홀로 ③ 물건 ④ 돌면서, 흐르다 ⑤ 깨닫도록

★ 낱말 친구 사총사 ★
④

해설 ①, ②, ③에 쓰인 '벌어지고야, 벌어졌어, 벌어질지'는 '어떤 일이 일어나거나 진행되다.'라는 뜻으로 사용되었고, ④에 쓰인 '벌어져서'는 '사람의 사이에 틈이 생기다.'라는 뜻으로 사용되었습니다.

★ 연상되는 낱말 찾기 ★

바느질, 자욱하다, 이부자리

★ 짧은 글짓기 ★
• 예 소녀는 다리 위에서 소용돌이치는 강물을 바라보았다.
• 예 나그네는 깊은 산속에서 외딴집을 발견하였다.
• 예 선비는 임금님 앞에서 벼슬을 끝까지 마다하였다.

★ 맞춤법 ★

출석률

해설 '출석률'은 '출석율'로 잘못 쓰기 쉬운 말입니다. 모음이나 'ㄴ' 받침 뒤에 이어지는 '렬, 률'만 '열, 율'로 적습니다. '-율'은 '비율, 할인율, 이자율', '-률'은 '위험률, 사망률, 취업률' 등이 있습니다.

★ 띄어쓰기 ★

㉯

해설 '주저앉다'는 '서 있던 자리에 그대로 힘없이 앉다.'라는 뜻으로, 붙여서 하나의 낱말로 씁니다.

★ 관용어 ★

벗고

해설 그림은 친구들에게 고민을 말하자, 친구들이 자기 일처럼 적극적으로 나서서 문제를 해결하려고 하는 상황을 표현하고 있습니다. 이런 상황과 어울리는 관용구에는 '발 벗고 나서다'가 있습니다. '발 벗고 나서다'는 '적극적으로 나서서 대들다.'라는 뜻을 갖고 있습니다.

★ 한자어 ★

三寸(삼촌), 問病(문병)

30회 | 132~134쪽

★ 그림으로 낱말 찾기 ★
① 흘리다 ② 따다 ③ 시상대 ④ 게양되다 ⑤ 애국가

★ 낱말 뜻 알기 ★
① 깃발 ② 자랑스럽게, 마음 ③ 생각 ④ 널리, 골고루
⑤ 기대지, 나라

★ 낱말 친구 사총사 ★
②

해설 ①, ③, ④에 쓰인 '흘렸어, 흘리며'는 '몸에서 땀, 눈물, 콧물, 피, 침 등의 액체를 밖으로 내다.'라는 뜻으로 사용되었고, ②에 쓰인 '흘렸어'는 '다른 사람의 말을 주의 깊게 듣지 아니하고 지나치다.'라는 뜻으로 사용되었습니다.

★ 연상되는 낱말 찾기 ★

시상대, 애국가, 독립

★ 짧은 글짓기 ★
• 예 우리나라 야구팀이 올림픽에서 동메달을 땄다.

- 예 문익점은 목화씨를 백성들에게 보급하였다.
- 예 우리는 태극기를 소중히 다루어야 한다.

낱말 쌈 싸 먹기

★ 맞춤법 ★
험집 → 흠집

해설 '흠집'은 '험집'으로 잘못 쓰기 쉬운 말입니다. '흠집'은 '欠(흠)'과 '집'으로 이루어진 합성어로 바르게 기억하여 둡니다.

★ 띄어쓰기 ★
㉮

해설 '높고 높다'는 높다는 것을 강조한 표현으로, 띄어 씁니다.

★ 관용어 ★
다리

해설 그림은 아이가 시험이 끝난 날 밤에 마음 편히 잠자리에 든 상황을 표현하고 있습니다. 이런 상황과 어울리는 관용구에는 '다리 뻗고 자다'가 있습니다. '다리 뻗고 자다'는 '마음 놓고 편히 자다.'라는 뜻을 갖고 있습니다.

★ 한자어 ★
다다익선(多多益善)

해설
- 고진감래(苦盡甘來) : 쓴 것이 다하면 단 것이 온다는 뜻으로, 고생 끝에 즐거움이 옴을 이르는 말.
- 자업자득(自業自得) : 자기의 업을 스스로 받는다는 뜻으로, 자기가 저지른 일의 결과를 자기가 받음을 이르는 말.
- 다다익선(多多益善) : 많으면 많을수록 좋다는 말.

01 회 | 15쪽

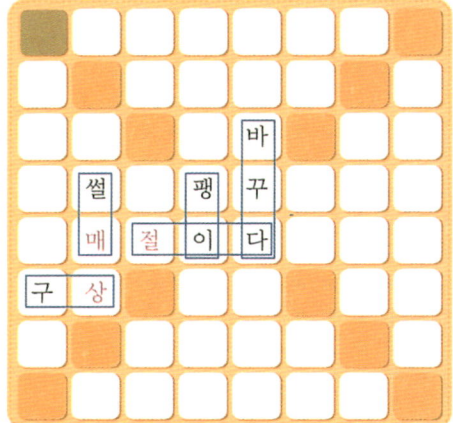

02 회 | 19쪽

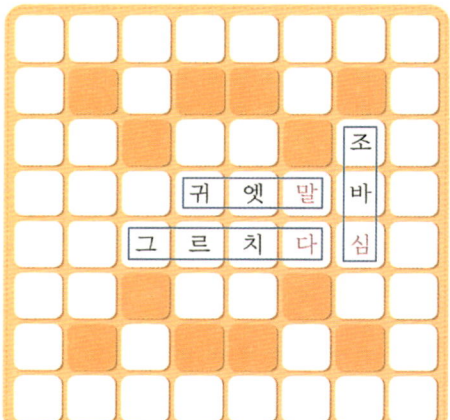

03 회 | 23쪽

04 회 | 27쪽

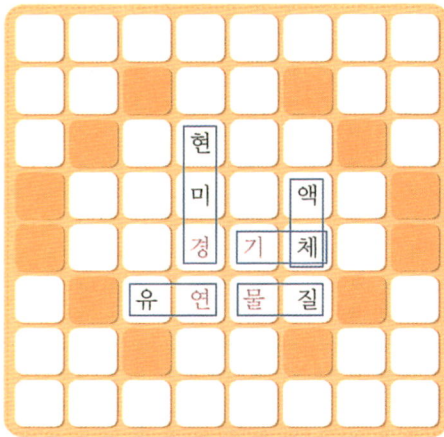

05 회 | 31쪽

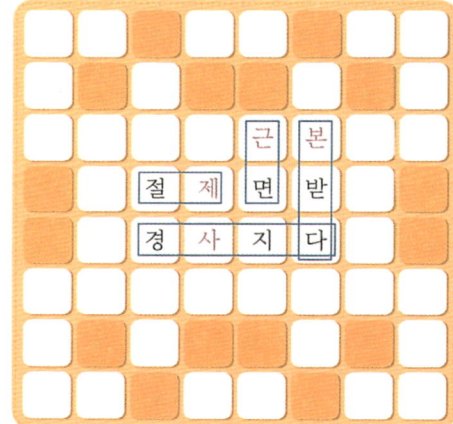

06 회 | 35쪽

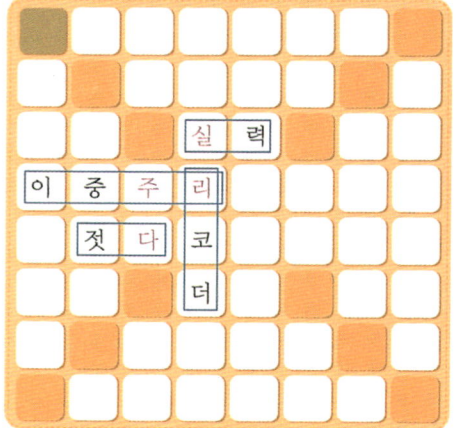

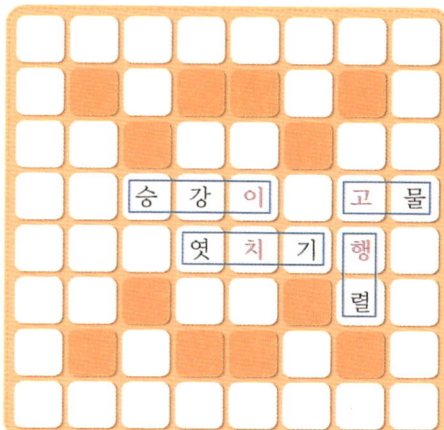

07회 | 39쪽

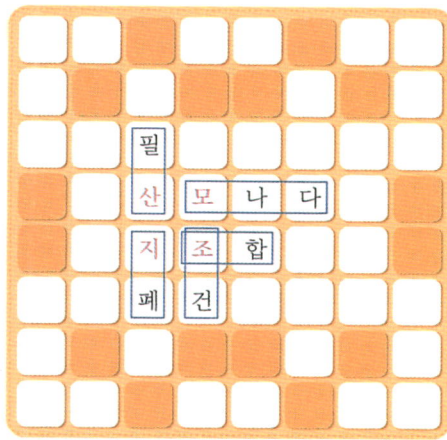

10회 | 51쪽

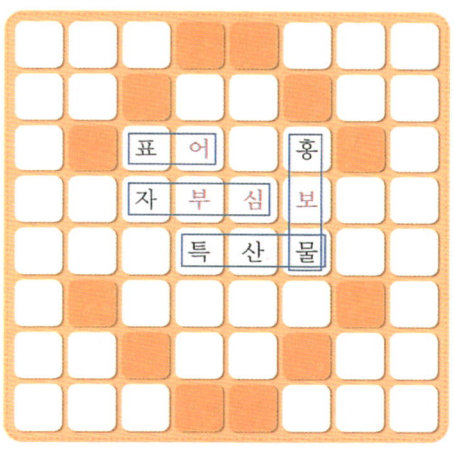

08회 | 43쪽

11회 | 55쪽

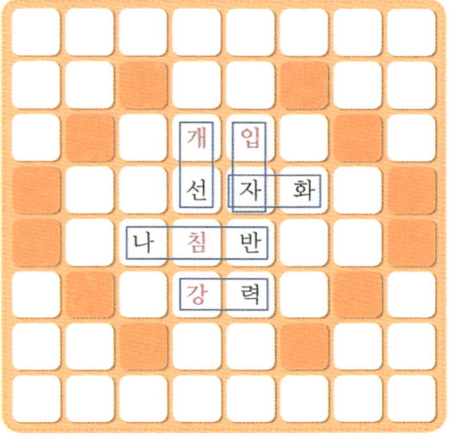

09회 | 47쪽

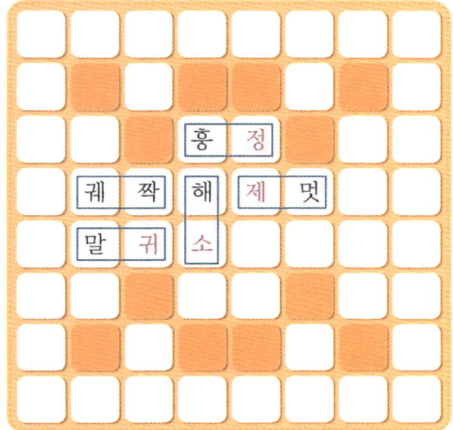

12회 | 59쪽

13 회 | 63쪽

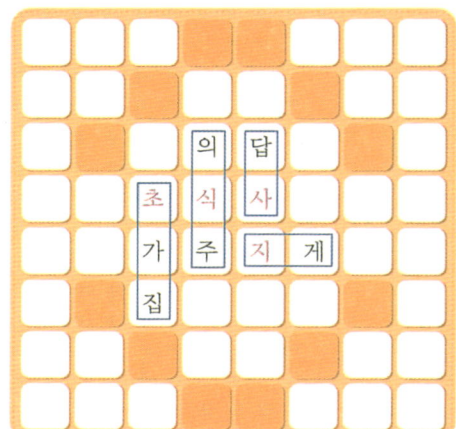

16 회 | 75쪽

14 회 | 67쪽

17 회 | 79쪽

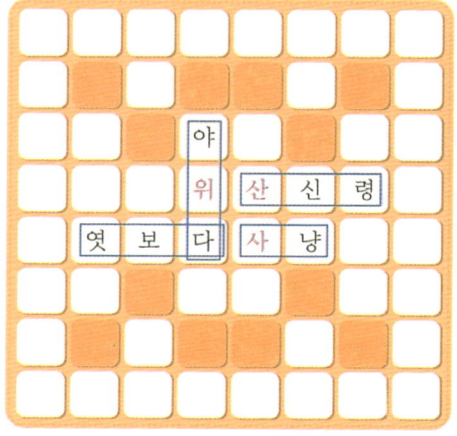

15 회 | 71쪽

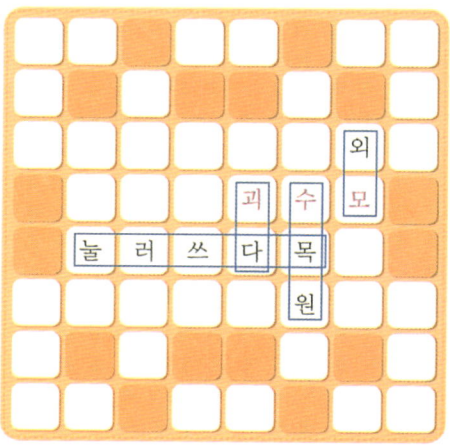

18 회 | 83쪽

19 회 | 87쪽

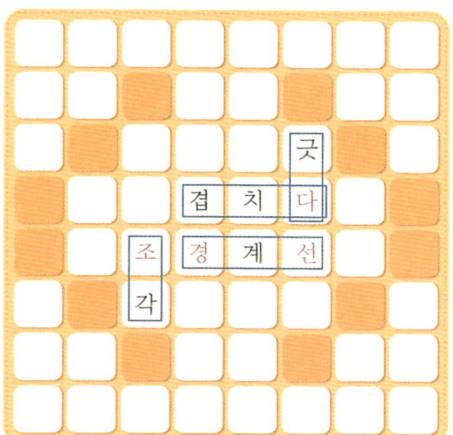

22 회 | 99쪽

20 회 | 91쪽

23 회 | 103쪽

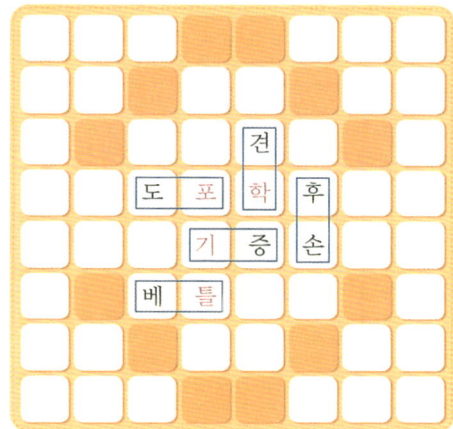

21 회 | 95쪽

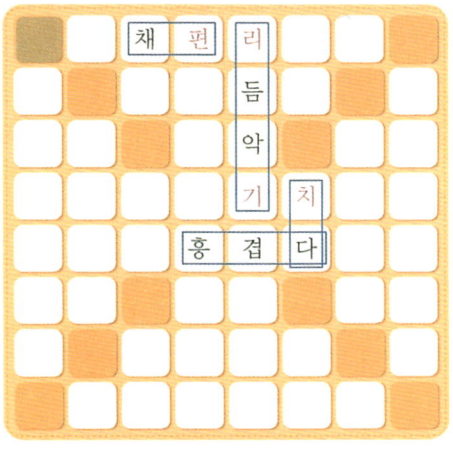

24 회 | 107쪽

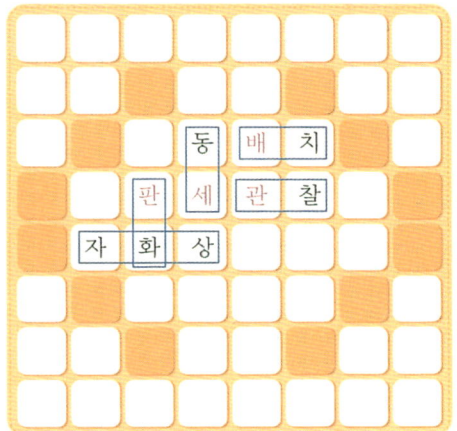

25 회 | 111쪽
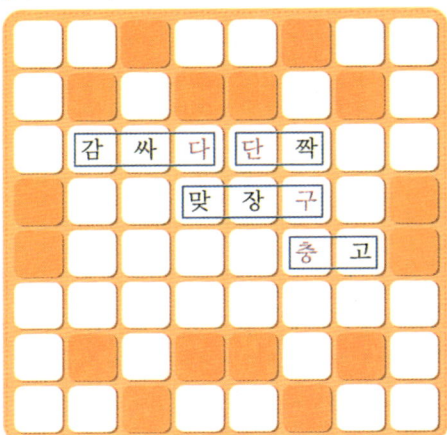

28 회 | 123쪽
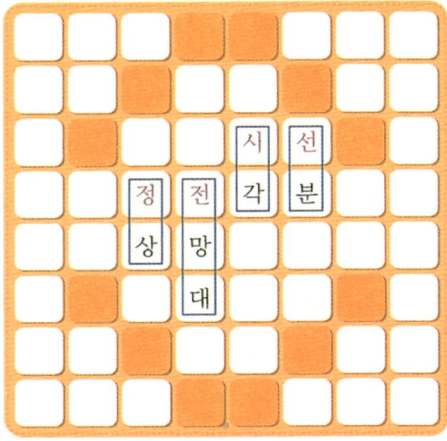

26 회 | 115쪽

29 회 | 127쪽
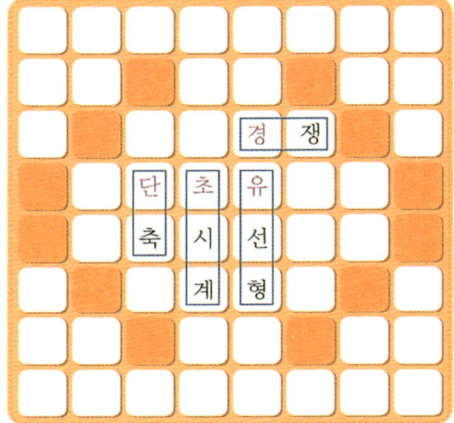

27 회 | 119쪽
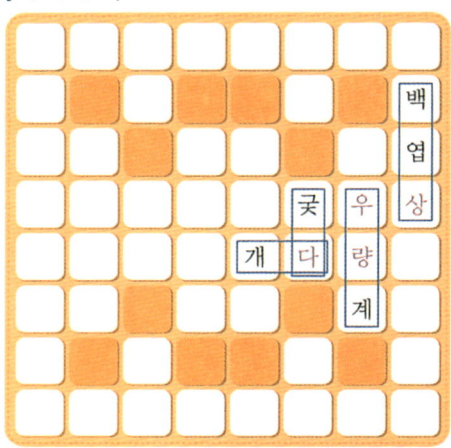

30 회 | 131쪽
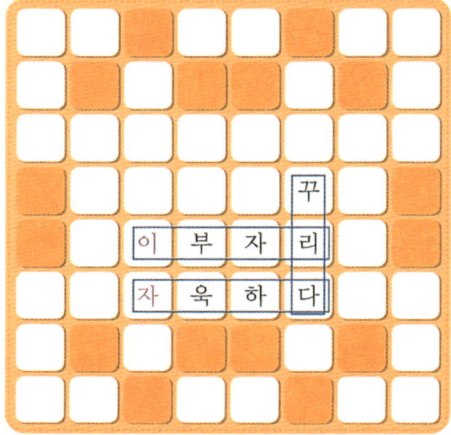